VERLAG
FRITZ
MOLDEN

GEORG NOWOTNY

# HUNDERT STUNDEN KREISKY

*Kritische Analyse eines Regierungsstils*

MIT 42 FOTOS VON PETER LEHNER

VERLAG FRITZ MOLDEN · WIEN-MÜNCHEN-ZÜRICH

Schutzumschlag- und Autorenfoto: Peter Lehner

1. Auflage


Schutzumschlag: Hans Schaumberger, Wien
Reproduktionen: Seyss Ges.mbH., Wien
Lektor: Johannes Eidlitz
Ausstattung und technische Betreuung: Herbert Tossenberger
Schrift: Garmond Garamond-Antiqua
Satz: Filmsatzzentrum Deutsch-Wagram auf Linotron 505 C
Druck: Druck- und Verlags AG Vorwärts, Wien
Bindearbeit: A. Popek, Wien
ISBN 3-217-00850-2

# Inhalt

# Zu diesem Buch

Niemand kann in hundert Stunden einen Menschen wirklich kennenlernen. Auch nicht in hundert Tagen oder Wochen. Vor allem eine so vielschichtige Persönlichkeit wie Bruno Kreisky entzieht sich immer wieder und immer anders einer solchen Durchleuchtung. Bleibt der zweite Weg: Die journalistische Beobachtung, das minuziöse Aufzeichnen seiner Verhaltensmuster, die Beschreibung seiner Tätigkeiten im Reportagestil, das Gespräch mit denen, die mit ihm tagtäglich zu tun haben. Und schließlich der Versuch, aus diesem Kanzleralltag, der aus Hunderten verschiedenen Puzzlestükken besteht, ein Ganzes zu formen. Das ist schwierig bei einem Mann, der in sich widersprüchliche Eigenschaften vereinigt. Sein Arbeitsstil wirkt oft chaotisch, und doch kann er auch penibel, ja pedantisch sein. Er ist ein lockerer Party-Plauderer, und doch verabscheut er nichts so sehr wie leeres Geschwätz. Er findet mit der Routine eines Profis Kontakt zu den Menschen und ist doch einer der Einsamsten, die ich kenne. Er lebt in einem Stil, der in einigen Aspekten durchaus dem eines Millionärs entspricht, und doch prägen ihn auch asketische Züge. Das Porträt eines solchen Mannes kann nicht lückenlos sein und ist naturgemäß subjektiv gezeichnet. Aber der Arbeitsstil und das Wollen dieses Politikers sind nicht nur für Regierung und Partei maßgebend. Letztlich werden wir alle dadurch geprägt.

GEORG NOWOTNY

Wien, Oktober 1976

# MONTAG

# Dreimal läuten: Kreisky kommt

Wenn der Bundeskanzler in sein Amt kommt, öffnen sich Tür und Tor. Der große hölzerne Torflügel schwingt elektrisch auf, sobald der mächtige Kreisky-Jaguar, vom Burgtheater kommend, auf dem Ballhausplatz auftaucht. Der diensthabende uniformierte Polizist stoppt salutierend den Gegenverkehr. Einer der Torposten eilt zur Kanzlerstiege, um den Autoschlag zu öffnen, ein anderer, die Dienstmütze in der Hand, hält die Tür mit dem Drehgriff, durch die man zur prunkvollen Hauptstiege des barocken Palais kommt. Von einem dreimaligen Glockenzeichen des Portiers alarmiert, steht schon im ersten Stock ein Diener bereit und öffnet die verspiegelte schmale Tür mit dem Schild „Sekretariat des Bkzl.", die ins Vorzimmer des Kanzlers führt.

Dagegen kündigt ein zweimaliges Klingeln den Präsidialchef des Hauses, Dr. Roland Jiresch, sowie die drei Staatssekretäre Elfriede Karl, Karl Lausecker und Ernst Veselsky an. Einmal wird geläutet, wenn weniger wichtige, aber doch hohe Beamte kommen. Dieses hierarchische Ankunfts-Zeremoniell ist auch in den sechs Jahren unverändert geblieben, in denen ein sozialistischer Kanzler im Hause regiert. Doch Bruno Kreisky hält auf Tradition. Auch – oder gerade – wenn es um die eigene Person geht.

Begleitet von einem der zwei „der Person des Herrn Bundeskanzlers" zugeteilten Kriminalbeamten steigt Bruno Kreisky aus seinem Jaguar aus. Den grauen Hut auf dem Rücken haltend, im Mantel, darunter den maßgeschneiderten grauen Nadelstreifanzug, mit schwarzer Krawatte, handgenähte schwarze Schuhe an den Füßen, geht er zügig die Stufen zu seinem Büro hinauf. Es ist 10 Uhr 30. Normalerweise kommt der Kanzler schon gegen zehn Uhr ins Amt, doch am Wochenende war er zu einem halboffiziellen

Besuch in Polen, am frühen Vormittag hat er zu Hause schon zahlreiche Telefonate geführt. Schwedens Sozialdemokraten haben gestern die Wahl verloren. Für die nun angesetzte Pressekonferenz hat er ein Konzept aufgesetzt, mit Olof Palme in Stockholm und mit seinem Freund Willy Brandt telefoniert, um die eher mißliche Lage abzuklären. Kreisky wirkt nachdenklich, aber nicht bedrückt. Kaum ein Politiker versteht es so meisterhaft wie er, seine wahre Stimmung hinter einer Maske von Gleichmut zu verbergen. „Er hat eine dünne Haut", sagt sein „Lieblingssohn", Finanzminister Hannes Androsch, „aber die Dinge, die ihn ärgern, berühren ihn innerlich nicht wirklich." Und einer seiner Sekretäre charakterisiert sein Naturell so: Er bemüht sich darum, äußerlich ruhig zu sein. Knapp unter dieser – gespielten – Ausgeglichenheit besitzt er höchste Empfindlichkeit. In seinem innersten Kern aber ist er völlig gleichmütig, es regt ihn nichts wirklich auf. Dies ermöglicht es ihm wohl auch, in extremen Streßsituationen besonders ruhig zu bleiben und sich so rasch körperlich und geistig zu regenerieren.

Der Bundeskanzler betritt das Vorzimmer seines großen Arbeitsraumes, begrüßt kurz mit „Guten Morgen" seine persönliche Sekretärin Margit Schmidt und Regierungsrat Franz Josef Bernthaler, einen der wenigen pragmatisierten Beamten in seiner Schar häufig wechselnder junger Sekretäre.

# Hier arbeitet Kreisky

Das Kanzlersekretariat ist im bombastisch-verstaubten Repräsentationsstil der fünfziger Jahre eingerichtet. Viel Holz, viel Goldfarbe. Die Räume, in denen Kreisky arbeitet, waren 1945 durch Bombentreffer zerstört worden. Die Schränke des Vorzimmers sind vollgestopft mit Büchern, Schallplatten und Geschenken, darunter ein Originalhelm, der von einem Besuch Kreiskys in der Wiener Feuerwehrzentrale stammt, mit Mappen voll von Briefen, Aktenbergen für den morgigen Ministerrat und einem ziemlich häßlichen hölzernen Wappen der Vereinigten Staaten, das anläßlich der 200-Jahr-Feier allen Regierungschefs der Welt verehrt wurde. Wie die meisten Geschenke an Kreisky, wird wohl auch dieses Wappen in einem kleinen Abstellraum neben der Kanzlei des Bundeskanzlers enden, wo man all die Gaben stapelt, die man nicht weiterschenken oder sonstwie verwenden kann.

Auf den ersten Blick wirkt hier alles völlig ungeordnet. Die angeräumten Schränke und Schreibtische, die Berge unerledigter und erledigter Papiere, das fast pausenlose Schrillen der Telefone, die Anweisungen, die Kreisky, an der Tür zu seinem Arbeitsraum stehend, an Fräulein Schmidt gibt. „Für jemanden, der nicht sieht, daß er trotzdem etwas weiterbringt, wirkt Kreiskys Stil schon chaotisch", sagt Leopold Gratz, Wiens Bürgermeister. Als einer der Stellvertreter des SPÖ-Vorsitzenden Bruno Kreisky steht er ebenso im Kronprinzenrang wie Hannes Androsch.

Kreiskys Arbeitszimmer spiegelt seine Sprunghaftigkeit, die Vielfalt seiner Interessen wider. Ein riesiger, düsterer Raum mit einer dunklen Holzdecke und einem dunkelroten Perserteppich. Das Halbdunkel, in dem man zuerst nur eine rot-weiß-rote Fahne vor dem Schreibtisch des Kanzlers ausnimmt, wirkt fast mystisch. Neben dem Tisch eine in ihrer Größe verwirrende Telefonanlage, auf dem Schreibtisch Berge von Akten, über die Kreisky kaum drübersieht. Vor den Fenstern eine Insel von Grünpflanzen, die dem Raum aber noch mehr Licht wegnimmt. Links von der Eingangstür, deren Klinke so hoch angebracht ist, daß man hinaufgreifen muß, eine moderne Ledergarnitur, die auf allen Fotos zu sehen ist, die anläßlich des Besuches ausländischer Würdenträger gemacht werden. Neben dem Lederfauteuil Kreiskys eine zweite Telefonanlage. An der Wand ein riesiges Spiralengemälde von Friedensreich Hundertwasser, an der langen Querwand ein Landschaftsbild Anton Lehmdens, daneben der US-Freiheitspreis, den Kreisky im Vorjahr in New York erhalten hat, und ein Foto, das den Bundeskanzler im Gespräch mit einem Arbeiter der Simmering-Graz-Pauker-Werke zeigt. „Das Foto gefällt ihm", sagt Fräulein Schmidt dazu nur kurz. Auf dem niederen, langen Tisch, um den die Ledergarnitur gruppiert ist, stehen eine Kristallvase mit einer Ansicht von Prag, ein kleines Modell der umstrittenen UNO-City und ein Hufeisen, das Kreisky im September 1971, knapp vor der Nationalratswahl, die seiner Partei die absolute Mehrheit brachte, von einem Bauern aus dem steirischen Knittelfeld erhalten hat. Der Bundeskanzler behauptet, nicht abergläubisch zu sein, trotzdem liegt dieser Glücksbringer seit fünf Jahren hier.

Kreisky hält sich nur kurz in seinem Arbeitszimmer auf und geht dann durch eine direkte Verbindungstür – an dem Tisch der Diener vorbei – in den kleinen Konferenzsaal. Dort wartet schon ein Dutzend Journalisten, um einen ovalen Tisch sitzend, auf den Kanzler, der das schwedische Wahlergebnis kommentieren will.

# Im Schweiße seines Angesichts

Kreisky blickt kurz in die Runde; dann nimmt er Platz, putzt seine Brille, zieht ein Blatt Papier mit ein paar Stichworten heraus und beginnt zu sprechen. Schon jetzt steht ein leichter Schweißfilm auf seiner Stirne, seine Stimme klingt ein wenig heiser. Ein Diener bringt Mineralwasser – in Zimmertemperatur –, Kreisky trinkt sofort. Praktisch stündlich bekommt er Wassernachschub. Kreisky trinkt untertags keinen Alkohol, nur wenig Kaffee, aber Unmengen von Mineralwasser, das er dann im Laufe des Tages wieder ausschwitzt. Er hält Schwitzen für gesund und trägt immer überdimensionale Taschentücher – monogrammiert wie seine Hemden – mit sich, die er vor Gebrauch zuerst stets umständlich auseinanderfaltet, um sich dann fast zeremoniell Stirne, Augen, Wangen und Hals abzuwischen. So vermittelt er den Eindruck, ein Mensch zu sein, der im Schweiße seines Angesichts arbeitet.

Heute morgen hat sich der Kanzler massieren lassen. Dies geschieht jeden Montag. Kreisky wirkt trotz der am Wochenende absolvierten, anstrengenden Polenreise körperlich gut in Form. Zwar kämpft er seit Jahren gegen einige Kilo Übergewicht, aber sein Körper ist fest, nicht schwammig, sein großflächiges Gesicht, das die Österreicher schon fast so gut kennen wie den Anblick eines nahen Verwandten, wirkt wie eine gerundete Mittelgebirgslandschaft. Seine ausgeprägten Backen gehen fast übergangslos in ein mächtiges, festes Doppelkinn über. Eine ausgeprägte Unterlippe nimmt seinem Mund die Härte. Seine gepflegten Hände wirken zupackend und doch zierlich zugleich. Sein Blick kommt forschend, eher von unten als direkt, aber er setzt ihn manchmal auch prüfend, sehr kräftig, ganz gerade ein, wenn er jemanden beeindrucken oder überzeugen will.

Wie Kreisky nun hier vor den Journalisten und den

Kameras des Fernsehens die für ihn gewiß nicht angenehme Wahlniederlage seines Freundes Olof Palme kommentiert, ist ganz typisch für seine Art, Probleme zu bewältigen. „Meine Mitarbeiter wissen, daß ich schon vor eineinhalb Jahren gesagt habe, daß die Diskussion um die Atomkraftwerke die schwedische Sozialdemokratie zwei bis drei Mandate kosten wird." Nichts ist Kreisky unangenehmer, als von einer Entwicklung überrascht zu werden, etwas nicht gewußt oder zumindest nicht einkalkuliert zu haben. Fast stolz klingt es, daß er es – wieder einmal – im voraus besser gewußt hat.

Vorsichtiger ist er, als er um eine Prognose für die deutschen Wahlen gebeten wird; er antwortet mit einem seiner typischen brummig-koketten Ausweichmanöver: „Über die deutsche Politik hab' ich kein Urteil. Und hätt' ich eins, würde ich es nicht aussprechen." Natürlich hat er ein Urteil, aber er spricht es schon deswegen nicht aus, weil ihm eine Festlegung, in welcher Richtung immer, überhaupt nichts nützt. Viel von dem, was bei ihm spontan, aus dem Augenblick geboren wirkt, ist routinierte Berechnung. Anderes freilich, was reiflich überlegt und ausdiskutiert scheint, ist eine Laune des Augenblicks. Das Studium der „Kreiskylogie" bringt eben immer neue Überraschungen.

„Ist das alles?" fragt er kurz darauf, „das wär's? Net!" Und das ist sein deutlich gegebener Wink, daß er nichts mehr sagen will, daß das Pressegespräch zu Ende ist. Nachher, im Plausch mit ein paar Journalisten, verweist er neuerlich auf seine Weitsicht. Als im Ministerrat schon vor Jahren über den Bau des ersten österreichischen Atomkraftwerkes im Tullner Feld abgestimmt wurde, ließ er bei diesem heiklen Thema seine Stimmenthaltung ins Protokoll eintragen. Sein Instinkt sagte ihm wohl schon damals, was für ein brisantes politisches Problem das einmal werden könnte.

Fräulein Schmidt kommt um 10 Uhr 50 mahnend zu der

tribune socialiste

Aufschlagseite: Montag 10 Uhr 30 – Die Kanzlerstiege am Ballhausplatz
Linke Seite, oben: Das Kabinett des Kanzlers – zwei Sekretärinnen und acht Sekretäre
Linke Seite, unten: Am Schreibtisch – Telefonat mit Olof Palme
Oben: Ministerratsvorbesprechung im kleinen Konferenzsaal
Folgende Doppelseite: ÖIAG-Sitzung (Verstaatlichte Industrie) mit Anton Benya

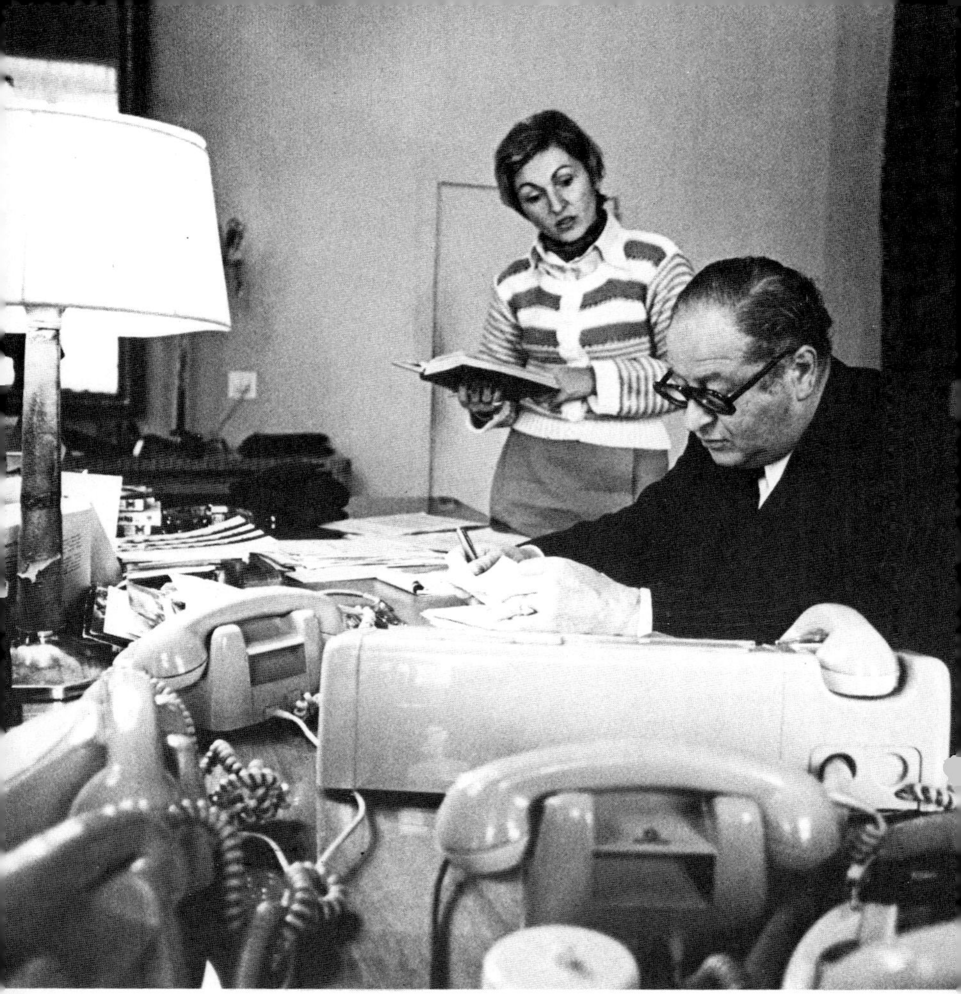

Linke Seite: Im Schweiße seines Angesichts
Oben: Korrekturen am Schreibtisch von Margit Schmidt
Folgende Seite: Im Privatraum neben dem Arbeitszimmer – ein Imbiß mit Telefon

mit dem Bundeskanzler plaudernden Journalistenrunde. Zwei Redakteure der Schülerzeitung „Rennbahn-Express", die bereits für 10 Uhr bestellt waren, warten auf Kreisky. „Wer sind Sie?", fragt der Kanzler ganz direkt, nachdem die zwei jungen Leute ins Arbeitszimmer gekommen sind. Als sie ihm kurz von ihrer Schülerzeitschrift erzählen, brummt er nicht sehr überzeugend: „Ah ja, davon hab' i g'hört." Thema des Interviews: Die Jugendarbeit der Partei. Er wird nach dem eben gegründeten Schülerzentrum gefragt. Kreisky weiß offensichtlich nichts darüber, weicht ins Grundsätzliche aus, führt das Gespräch dorthin, wo er es haben will, wo er sich auskennt. Manchmal wirkt er während des Interviews ganz wach, dann wieder abwesend. Später gesteht er mir im Gespräch, daß ihm zwar irgend jemand vorher vom Schülerzentrum erzählt habe, aber: „Bei gewissen Dingen höre ich einfach nicht zu."

Fräulein Schmidt mahnt, daß die Herren von der ÖIAG da sind. Kreisky: „Bin gleich so weit." Als einer seiner Sekretäre ihn kurz darauf noch einmal mahnt, wird der Kanzler ärgerlich. „Ja, ja. Ich weiß schon." Allzusehr bevormundet zu werden, das Gefühl zu haben, nicht mehr Herr seiner selbst zu sein, stört den Kanzler. „Wenn ich dreimal an etwas erinnert werde, dann ist das eine Art Zurechtweisung", erklärt er später. Und eine solche steht seiner Umgebung offenbar nicht zu.

Kreisky geht den Herren der verstaatlichten Industrie entgegen. Den ÖGB-Präsidenten Benya begrüßt er mit freundschaftlichem Respekt. Er weiß genau, wie wichtig dieser Mann für ihn ist. Fotograf und Berichterstatter müssen derweil im Vorzimmer warten. Die Sitzung der ÖIAG-Macher, in der es auch um Personalangelegenheiten geht, ist vertraulich.

Regierungsrat Bernthaler, seit 1970 Kreiskys Vorzimmer-Sekretär – und damit nach Fräulein Schmidt jener Kreisky-Helfer, der es bisher am längsten bei ihm ausgehalten hat –

stöhnt über die vielen Bettelbriefe und Bettelanrufe. Immer wieder melden sich Leute, die behaupten, Kreisky habe ihnen am Telefon Geld versprochen. Zwar gibt es einen Fonds des Kanzlers für besondere Notfälle, aber es erfordert oft detektivisches Gespür, um herauszufinden, wo echte Not besteht und wo Berufsschnorrer anklopfen.

Ein Vertreter der „Arena-Besetzer" will telefonisch wissen, wie es mit dem versprochenen Termin beim Kanzler stehe. Fräulein Schmidt: „Der Bundeskanzler muß sich noch zusätzliche Informationen verschaffen." Das ist die klausuliert formulierte Absage der Vorsprache. Und tatsächlich dringen die „Arena"-Leute auch bis zum Ende ihrer Aktion nicht mehr zu Kreisky vor.

Margit Schmidt, Mitte der Dreißig, hübsch, gepflegt und stets freundlich, ist seit 1965 die engste Mitarbeiterin Bruno Kreiskys. Sie arbeitete schon mit ihm im Außenamt zusammen, übersiedelte dann zur niederösterreichischen SPÖ, nach 1967 in die Parteizentrale in der Löwelstraße und schließlich 1970 auf den Ballhausplatz. Mit ihrer charmant-bestimmten Art führt sie Kreiskys Vorzimmer ideal, kennt eine Unmenge von Leuten und vor allem alle Launen, Ticks und Spezialwünsche ihres Chefs. Sie telefoniert, organisiert, empfängt, verabschiedet und ist immer bereit. Den Eindruck, ihr Leben sei ausschließlich Bruno Kreisky geweiht, versucht die Unverheiratete aber zu zerstreuen: „Ich habe viele private Bekannte und gehe oft aus", sagt sie fast trotzig.

Margit Schmidt ist dafür verantwortlich, daß Kreisky alle Termine einhält, der Weg zu ihm führt fast immer über sie, sie ist aber auch dafür verantwortlich, daß es trotz aller Termine und der Sprunghaftigkeit ihres Chefs im Kanzlersekretariat nie allzu hektisch wird, daß der Ton ruhig und freundlich bleibt. Heute allerdings ist ein relativ ruhiger Tag. Bernthaler und Schmidt trinken in Ruhe eine Tasse Kaffee. Sogar das Telefon ist einmal für ein paar Minuten still.

# Kreisky und Benya

Zwölf Uhr mittags. Die ÖIAG-Herren kommen heraus. Anton Benya bleibt. Das allwöchentliche Treffen Kreiskys mit dem Gewerkschaftsbund- und Nationalratspräsidenten – dem zweitmächtigsten Mann der SPÖ – ist ein ganz wichtiger Termin. „Wir reden über alles", sagt Kreisky zu diesen regelmäßigen Gesprächen. „Das ist etwa so, wie wenn wir uns im Kaffeehaus treffen würden. Da sagt der eine vielleicht: Was hältst du von Schweden? Und ich frage: Wieviel ist im Brotpreis noch drin? Was kann der ÖGB akzeptieren? Wir reden nicht über Familienangelegenheiten. Das ist nicht unser Stil. Aber wir haben ein unlimitiertes Vertrauen, machen einen echten Erfahrungsaustausch. Seit wir uns regelmäßig treffen, gibt es auch nichts mehr, was der andere nicht weiß. Es geht ja vor allem darum, daß wir nicht von irgendwelchen Dingen überfallen werden." Selbst während des wichtigen Gesprächs mit Benya leuchtet jedoch immer wieder neben der Tür zu Kreiskys Arbeitszimmer das Lämpchen auf: Telefon hat bei ihm stets Vorrang.

12 Uhr 30. General Philipp, Befehlshaber der UNO-Truppen im syrischen Grenzgebiet, schlägt die Hacken zusammen: „Herr Bundeskanzler, ich melde meine Anwesenheit in Wien." Auch bei diesem Gespräch müssen wir draußen bleiben. Es geht um „ein paar geheime Sachen", wie Kreisky sagt. Pressesekretär Johannes Kunz kommt mit einer dicken Mappe voll Zeitungsausschnitten, Abschriften von Nachrichtensendungen des ORF und Agenturmeldungen. Das Konvolut hat mehr als 200 Seiten. Das ist so viel, daß es Kreisky nicht einmal überfliegen kann. Was jeden Tag auf ihn an Informationen einstürmt, ist ungeheuer: Telegramme der Botschaften, Berichte der Sekretäre und Minister, neueste Meinungsumfragen, Hunderte Briefe, Telefonate am laufenden Band; und Bücher liest er auch noch.

12 Uhr 50. Wiens Bürgermeister Leopold Gratz, in einem modischen sandfarbenen Sakko („Das hab' ich mir in Venedig gekauft") kommt mit dem Generalsekretär des Städtebundes Otto Schweda. Vorher hat er auf der direkten Leitung aus dem Rathaus noch Fräulein Schmidt angerufen, ob es bei dem Termin auch bleibe. Er kennt seinen Herrn und Meister und dessen großzügige Zeiteinteilung. Aber kaum zehn Minuten später geht der General und macht dem Bürgermeister Platz.

# Der Orden der Sekretäre

Fräulein Schmidt geht zur Präsidialsitzung, die jeden Montag stattfindet. Eine tägliche Postsitzung, wie sie in vielen Ministerien üblich ist, und bei der die engsten Mitarbeiter mit dem Chef alle wichtigen aktuellen Fragen und Termine besprechen, lehnt Kreisky ab: „So etwas ist sinnlos. Eine solche Sitzung wäre viel zu kurz, da kann man nichts ausreichend behandeln."

Im Zimmer des seit Jänner amtierenden 38jährigen Kabinettschefs Dr. Fritz Gehart, der aus dem Handelsministerium kommt, drängen sich die Sekretäre und Sekretärinnen auf den unbequemen Barockmöbeln. Acht Sekretäre, der Großteil zwischen 25 und 35, und zwei Sekretärinnen stehen Bruno Kreisky zur Verfügung. Und alle hält er auf Trab. Neben Margit Schmidt sitzt die junge Renate Bachlmayer, Kreiskys zweite persönliche Sekretärin.

Die acht Sekretäre haben sich selbst eine Art Ressorteinteilung gegeben. Bruno Kreisky ist allerdings der Meinung: „Jeder muß alles können", wie er sich ja auch selbst als Universalist in der Politik versteht. Kabinettschef Gehart ist vor allem für Wirtschaftspolitik zuständig. Wolfgang Mayer-König macht Kulturpolitik, Günther Rehak – früher Linksaußen bei den Sozialistischen Studenten – Parteien- und Presseförderung, Franz Josef Bernthaler behandelt das weite Feld der Interventionen, ebenso auch Hans Salomon, ein B-Beamter des Außenamtes. Nikolaus Scherk vom Außenamt ist für außenpolitische Fragen zuständig, Dr. Wolfgang Kroiss aus dem Verfassungsdienst des Hauses behandelt juristische Angelegenheiten, und Johannes Kunz kümmert sich um die Pressekontakte. Ein weiterer Kreisky-Sekretär, der an der Präsidialsitzung allerdings nicht teilnimmt, ist Dr. Karl Weber von der SPÖ-Zentrale, der in enger Verbindung mit dem Kanzler-Sekretariat und einigen

Mitarbeitern die umfangreiche Kreisky-Post behandelt, die an die Parteizentrale gerichtet ist.

Man ist hier per du miteinander und recht leger. Nur zwei der zehn engsten Mitarbeiter Kreiskys duzen jedoch den Kanzler: Gehart und Rehak, aber das geschieht natürlich auch respektvoll etwa mit der Anrede „Herr Bundeskanzler, hast du . . .“. Der Terminkalender der Woche wird durchgesprochen. Wer wann Kreisky wohin begleitet, wer Unterlagen und dazu passende Interventionen oder Informationen für Termine vorbereiten soll. Das Wochenende wird behandelt, an dem Kreisky für die SPÖ an der Informationskampagne teilnehmen und in die Steiermark fahren wird. Die Belange des Kanzlers und Parteivorsitzenden überschneiden einander. Auch bei SPÖ-Veranstaltungen müssen Interventionen an den Kanzler entgegengenommen und behandelt, bei Reisen als Bundeskanzler SPÖ-Angelegenheiten geregelt werden.

Es wird in der Runde gewitzelt: „Als Kanzlersekretär muß man das Gelübde des Gehorsams, der Armut und der Keuschheit ablegen“, sagt einer. Da ist was dran. Kreisky fordert den vollen persönlichen und zeitlichen Einsatz. Und viele Dreißigjährige halten in dieser Position die Anforderungen, die der bald 66 Jahre alte Kreisky an sie stellt, auch nicht lange durch. Der Dienst um den Kanzler kann jedoch Katapult für einen Karrieresprung sein. Ex-Kabinettschef Peter Jankowitsch ist heute Österreichs UNO-Botschafter in New York, Ex-Kabinettschef Alfred Reiter seit Jahresanfang Vorstandsdirektor der Invest-Kredit-AG und Ex-Pressesekretär Ingo Mussi Botschafter in Tel Aviv.

Kabinettschef Gehart schildert seine Arbeit so: „Es gibt ein einziges wirklich gravierendes Problem dabei. Das ist die Zeit. Von Kreisky geht ein ungeheuer breites Spektrum an politischen und persönlichen Anregungen aus. Und es ist notwendig, dem Kanzler dafür möglichst kondensierte Unterlagen zu liefern. Es gibt bei ihm kein gemütliches

Zusammensitzen bei einer Schale Kaffee. Alles muß ruckzuck gehen. Aber wir sind ja dazu da, ihm zu dienen. Was wir hier tun, ist ein besonderer Dienst, weil wir uns einer sehr starken Persönlichkeit unterordnen müssen", schwärmt Gehart. „Es gibt bei Kreisky keine eingefahrenen Geleise, das ist das Interessante. Es ist zwar anstrengend mit ihm, zugegeben; aber man hat einen großen Profit, weil man bei der Meinungsbildung dabei ist."

Das heißt freilich keineswegs, daß Kreisky seine Sekretäre, wie das in einigen Ministerien möglich ist, politisch mitmischen läßt. Kreisky will keine Jungmanager, sondern loyale, intelligente Diener, die in einem von ihm festgelegten Freiheitsraum agieren. „Ich bin ärgerlich, wenn die Mitarbeiter nicht kommunizieren. Meine Leute müssen alles wissen. Und das Büro muß auch kontrollieren, was vergessen wurde. Wo man sich geirrt hat", fordert Kreisky.

Der Bundeskanzler, ein kritischer und zugleich mißtrauischer Mensch, gibt zwar seinen Sekretären einen relativ großen Freiheitsraum und behauptet, sich nicht um alles kümmern zu wollen, aber das stimmt nur bedingt. Denn er achtet genau darauf, daß die Arbeit in seinem Sinne gemacht wird. Dank mißtrauischer Kontrollfragen stößt er erstaunlich rasch auf Schwachstellen. Und da kann er dann unangenehm pedantisch sein.

# Wie eine Spinne im Netz

Ganz entscheidend für den Bundeskanzler ist es, die Informationen seiner Mitarbeiter möglichst wertfrei zu erhalten. Glaubt er zu spüren, daß einer seiner Sekretäre mit einer Information Politik machen, jemanden anschwärzen oder etwas Bestimmtes erreichen will, kann er ganz schön grantig werden. Und am meisten stört ihn, wenn Leute seiner Umgebung mit dem Vertrauens- und Nahverhältnis, das sie zu ihm besitzen, Geschäfte machen wollen. Meinungsbildung und -wertung, das Setzen von Schwerpunkten und die Qualifikation von Personen behält sich Kreisky selbst vor. Und das geht nicht immer gut.

Kabinettschef Gehart bestätigt das hohe Maß an Mißtrauen, das Kreisky gegenüber seiner Umgebung hegt und das ihn trotz aller Freunde und guten Bekannten so einsam macht: „Er vermeidet es peinlich, sich irgendwo zu binden, sich auszuliefern oder gar jemandem ein Monopol für Ratschläge zu geben. Die Unabhängigkeit der Information ist ihm wichtig."

Kreisky läßt sich nicht informieren, sondern holt Informationen ein. Und er testet sein Wissen immer wieder ab. Das führt pro Tag zu Dutzenden spontanen Anrufen, die denen, die da so aus heiterem Himmel vom Kanzler telefonisch überfallen werden, manchmal ordentlich auf die Nerven gehen können. Bürgermeister Gratz etwa erinnert sich an einen plötzlichen Anruf Kreiskys in einer Staatsbürgerschafts-Angelegenheit. Kreisky wollte über einen bestimmten Fall sofort Klarheit und war offensichtlich überrascht, daß der Bürgermeister den Akt nicht auf seinem Schreibtisch parat liegen hatte. „Er wird ungeduldig, wenn man ihm eine Information nicht sofort geben kann. Wenn er etwas wissen will, ruft er gleich an. Auch dann, wenn es schon Mitternacht ist", wundert sich Gratz.

Das ist vielleicht jene Eigenschaft Kreiskys, die immer stärker spürbar wird: Wie wenig er sich auf andere verlassen will, wie er, hochmütig und mißtrauisch, am liebsten alles selbst machen möchte, weil er letztlich fast niemandem ganz traut. Er hat zwar einen Pressesekretär, aber keinen offiziellen Sprecher, wie es für Regierungschefs anderer Länder selbstverständlich ist. Er gibt seine Erklärungen selber ab. Er diskutiert auch meist nicht mit seinen Mitarbeitern über die aktuellen Probleme, sondern sagt ihnen, was er davon halte und was er noch wissen will. Eine echte Arbeitssitzung mit seinen Untergebenen, bei dem sich ein größerer Kreis Notizen macht und Akten vorlegt, ist in seinem Zimmer gar nicht möglich. Der große Tisch ist dazu viel zu niedrig. Deutschlands Kanzler Helmut Schmidt hat einen großen Konferenztisch für Arbeitsgespräche mit seinen Mitarbeitern aufstellen lassen. Der große Zampano braucht das nicht.

Kreisky informiert seine Sekretäre meist einzeln, oft stehend im Vorzimmer oder an seinem Schreibtisch sitzend, knapp vor dem Weggehen oder auf der Fahrt im Auto. Von Teamarbeit hält er offenbar nicht viel. Immer mehr neigt Kreisky auch dem Monolog zu, wird der echte Dialog seltener, ist er sich selbst der liebste Gesprächspartner. Ist nur mehr er selbst sich gut genug. Einzelgängerisch läßt er alle Fäden nur über sich selber laufen, entscheidet er selbst über Kleinigkeiten, kümmert er sich um Termine und um die unbedeutendste Formulierung seiner Reden, um belanglose Briefe und um die Information unwichtiger Zeitungen.

Wenn sich aber alles, Regierung, Partei, Kanzleramt, in dieser Weise auf einen Mann konzentriert und von ihm abhängig ist, dann kann das gefährlich werden. Da wirkt dann eine Absenz Kreiskys wie ein totaler Netzausfall, der alle Verbindungen unterbricht und zu einem totalen Chaos führt. Wenn schon Kreisky diese Frage verdrängt, müßten eigentlich seine Stellvertreter, müßten Partei, Regierung und Funktionäre darüber nachdenken.

# Kreisky und das Telefon

13 Uhr 35. Kreisky bittet uns zu sich ins Zimmer. Beginnt gleich über eines seiner Lieblingsthemen zu reden. „Heute früh", erzählt er, „hat bei mir zu Hause eine Frau angerufen, die eine Wohnung von der Gemeinde haben will und sich entsetzlich aufgeregt hat, daß die Erdbebenopfer von Friaul gegenüber den wohnungslosen Wienern bevorzugt würden." Dann rief bei Kreisky ein Zuckerbäcker an, dessen Geschäft gepfändet werden soll und der sich in höchster Not an den Bundeskanzler wandte. Kreisky: „No, dem kann ma doch an Überbrückungskredit verschaffen."

Der Kanzler kommt geradezu schwärmerisch ins Erzählen: „Kürzlich hat mich um Mitternacht jemand angerufen, dem sie das Auto mit den Wohnungsschlüsseln und allen Papieren abgeschleppt haben. Und sein Kind hat in der versperrten Wohnung auf ihn gewartet. No, da hab ich halt die Polizei angerufen und der Mann hat die Schlüssel aus dem Auto nehmen können." Bei Elementarkatastrophen, berichtet Kreisky weiter, wenden sich die Leute oft zuerst an ihn, weil sie prompte Hilfe erwarten. Wenn etwa durch die Decke Wasser in die Wohnung rinnt und die Feuerwehr nicht kommt, wählen manche Leute automatisch nicht noch einmal die Notnummer 122 (Feuerwehr), sondern 37 12 36, und es meldet sich, wenn es nur spät genug ist, ein brummiger Baß und fragt: „Ja?" Im Falle des Wassereinbruches in der Wohnung ruft Kreisky eben dann selbst bei der Feuerwehr an, „und die schicken ihm natürlich einen Wagen, wenn ich sie drum bitte".

Nur die „dummen Leute aus Deutschland" ärgern ihn, die am Stammtisch Wetten abschließen und dann nachts bei ihm anrufen, ob der Kreisky in Wien tatsächlich persönlich ans Telefon kommt. „Ich kenn' das Fernsehprogramm ganz genau, auch wenn ich keine Zeit hab' zu schauen, weil sich die Leut' bei mir beschweren", berichtet er, „sie rufen an, wenn sie aus irgendeinem Grund nicht heiraten können oder wenn sie sich über irgendeinen unfreundlichen Beamten ärgern."

Querulanten und Narren seien unter den Anrufern eher selten, glaubt der Kanzler. So opfert Kreisky pro Tag mindestens eine Stunde Zeit für diese Telefongespräche, weil „man muß sich die Geschichten schon erzählen lassen, die die Leute am Herzen haben".

So arg ist das mit den Anrufen geworden, daß „unsere Köchin schon nicht mehr hat kochen können, die ist von den vielen Anrufen ganz narrisch geworden". Nun gibt es seit kurzem eine zweite, geheime Kreisky-Nummer, die naturgemäß nicht mehr so häufig besetzt ist, so daß Kreisky nun auch wieder für seine Mitarbeiter und Minister morgens und abends erreichbar wurde. Zusätzlich wurde in der Villa in der Armbrustergasse ein automatischer Anrufbeantworter installiert, der an das Sekretariat verweist, wenn Kreisky nicht selbst zu Hause ist. Als am Anfang Kreisky diesen Beantworter selbst besprochen hat, glaubten allerdings viele Leute direkt mit dem Kanzler verbunden zu sein. Jetzt bespricht einer der beiden Kriminalbeamten, die im Wechseldienst den Bundeskanzler begleiten, das Tonband.

Mit einem Druck auf die Klingel neben seinem Schreibtisch ruft Kreisky einen der Diener und bestellt: „Bringen S' ma irgendeine Kleinigkeit. Zwei harte Eier, die haben keine Kalorien, Butter aber nur wenig."

Fünf Minuten vor 15 Uhr. Wir übersiedeln in einen kleinen Raum neben Kreiskys großem Arbeitszimmer. Ein kleiner Tisch steht da, ein paar Stühle, ein barockes Bett, das Josef Klaus hier aufstellen ließ, das aber Kreisky noch nie benutzt hat, ein weißer Medikamentenschrank mit ein paar Ampullen und Pillenpackungen und ein Kasten, in dem Kreiskys Reservehemden und Unterwäsche aufbewahrt werden, wenn er vor einem Abendtermin wechseln oder sich umziehen will. Daneben gibt es noch einen Duschraum und ein WC.

Kreiskys Tagesablauf unterscheidet sich ganz wesentlich von dem des Durchschnittsösterreichers. Er steht in der Regel zwischen 7 und 7 Uhr 30 auf, beginnt zu telefonieren und Anrufe entgegenzunehmen, verzehrt gegen 9 Uhr ein sehr reichliches Frühstück und fährt – wenn es keine Außer-Haus-Termine gibt – gegen 10 Uhr ins Bundeskanzleramt. Dort arbeitet er durch bis etwa 15 Uhr, ißt dann, wie eben jetzt, aus Gründen der Gewichtskontrolle ein eher bescheidenes Mittagessen, arbeitet dann bis gegen 19 oder 20 Uhr weiter, besucht, wenn keine Abendtermine zu erledigen sind, oft noch auf einen Sprung die Parteizentrale, kommt dann gegen 21 Uhr oder später heim, ißt zu Abend, telefoniert mit Anrufern, die ihn wie einen Telefonseelsorger der Nation bis weit über Mitternacht beschäftigen, liest dann noch und löscht das Licht gegen 1 Uhr 30, was die vor dem Haus wachenden Kriminalbeamten in ihrem VW-Bus registrieren. „Gestern hat er erst um 2 Uhr ausdreht", zitiert Kreisky, mit einem gewissen Stolz auf sich selbst, seine Bewacher.

# Sein Wissen ist seine Macht

Ein Abschalten, einen Unterschied zwischen Dienst und Freizeit gibt es für Bruno Kreisky nicht. „Er ist dauernd damit beschäftigt, Informationen über die gesellschaftliche Wirklichkeit zu speichern“, sagt Wolfgang Mayer-König, einer der ihm am längsten dienenden Sekretäre. Das erklärt auch – abgesehen davon, daß es seiner Eitelkeit schmeichelt –, warum er Telefongespräche mit Staatsbürgern und die Tausende Briefe, die er erhält, so wichtig nimmt. Sie sind einfach Informationsmaterial, mit denen er die Mauer, die zwischen allen Mächtigen und dem Volk aufgerichtet wird, zu überspringen sucht. Und das befähigt ihn, meist früher als seine Parteifreunde und die Oppositionspolitiker zu wissen, wo Reformen und Entscheidungen notwendig sind, was die Leute bewegt, wo das Volk wirklich der Schuh drückt.

Wenn bei einem Politiker der Satz „Wissen ist Macht“ zu Recht anzuwenden ist, dann bei Bruno Kreisky, der früher aufsteht und später schlafen geht als die meisten Politiker des Landes, und dies vor allem deshalb, um seinen Informationsvorsprung zu halten. Zu Hilfe kommt ihm sein außerordentliches Gedächtnis, das aber weniger wie ein schematisches Lexikon funktioniert, sondern auf bestimmte Reize von außen einen ganzen Mikrokosmos von Informationen zu einem bestimmten Thema ausstößt.

Während unseres langen Mittagsgespräches in dem kleinen Zimmer neben seinem Arbeitsraum ist immer wieder deutlich zu spüren, wie stark Kreisky in sich selbst ruht, daß er bei aller möglichen kritischen Haltung nicht zu jenen Menschen gehört, die ständig an sich zweifeln, sondern zu jenem Typus, der von sich überzeugt ist, weil er – vielleicht mit Recht – glaubt, mehr zu wissen als die anderen. „Es gibt bei mir nichts, was unerledigt ist“, sagt er selbstbewußt; oder meint zum Gespräch mit dem UNO-General Philipp: „Er hat wichtige Informationen von mir bekommen."

Daß er sich selbst so wichtig nimmt, ist sicherlich eines der Geheimnisse dafür, daß Kreisky auch nach außen so selbstsicher und vertrauenerweckend wirkt. Daß er gar nicht mehr spielen muß, was schon von selbst über die Rampe kommt. Und daß sich vor allem Frauen – das ergaben alle Meinungsumfragen – bei ihm, dem Starken, der alles weiß und alles bedenkt, geborgen fühlen.

Der Bundeskanzler philosophiert über sich und seinen Arbeitsstil. Nach harten Eiern, Gemüse, Obst, ein wenig Brot und einem kleinen Stück Kuchen, entspannt er sich, sehr mit sich zufrieden: „In einem Menschen denkt es ja immer. Daher red' ich langsam, denk' aber relativ schnell", sagt er, über sich selbst amüsiert. „Man muß sehr rationell arbeiten, um seine Kräfte bis zum Ende zu erhalten. Ich hab' ja sehr wenig Freizeit. Ein bißchen Tennis spielen, Gymnastik. Spät in der Nacht lese ich auch Bücher, die nichts mit der Politik zu tun haben, etwa Biographien. Da schaltet sich alles automatisch ab, fließt etwas anderes in das Hirn ein. Bei Tag würde ich ja gerne manchmal auch ein bißchen schlafen, und am Wochenende wär ich am liebsten daheim. Aber das geht halt nicht. Es ist notwendig, daß ich herumfahr', nach Polen oder Ungarn. Daher weiß ich auch relativ viel."

Kreisky kommt in Fahrt: „In meinem Beruf ist das so: Jede große Sache besteht aus ungeheuer vielen Elementen. Man muß wissen, wo etwas weitergehen muß und was herauskommen soll. Nur einer hat Erfolg, der mit dem Sinn für richtige Proportionen die Details beachtet. Das ist wie beim Klavierspielen: Linke Hand, rechte Hand, Pedal, und alles zusammen gibt einen schönen Klang. Es gibt keine große Arbeit ohne Beschäftigung mit den Details. Daher lass' ich mich auch nicht treiben oder hetzen. Ich sag' meinen Ministern immer: Tut's nicht Probleme verwalten, schafft sie." Womit er wohl meint: „Stellt die Probleme in den Raum, laßt euch nicht von ihnen überrollen, sondern löst sie!"

Das Telefon läutet, Klubobmann Heinz Fischer fragt wegen eines Termins an. Bei Kreisky und seinen sprunghaften Ideen und Einfällen braucht die Terminkoordination besonders viel Zeit. Da wird tagtäglich herumjongliert, verlegt, neu geplant, abgesagt und eingeschoben. Margit Schmidts gelber Kalender ist voll von handschriftlichen Streichungen und kleinen, dazwischen eingestreuten Vorsprachen. „Da muß dein Büro mein Büro verständigen", sagt Kreisky zum Abschluß des Termingesprächs seinem Klubobmann.

# Störenfried Parlament

Zum Parlament – aus dem sich eben sein Fraktionsführer Fischer meldete – hat Kreisky, so scheint es, ein leicht gestörtes Verhältnis. So wichtig es ihm in der Oppositionszeit von 1967 bis 1970 als Bühne für rhetorische Angriffe gegen das Kabinett Klaus war, so lästig ist ihm nun oft die Störung seiner Regierungstätigkeit durch dringliche Anfragen, endlose Sitzungen und die Notwendigkeit, oft einen ganzen Tag im Parlamentsgebäude anwesend zu sein.

Leicht unmutig klingt's, als Kreisky im Anschluß an den Anruf aus dem Parlament zu räsonieren beginnt: „Die Leut' stellen sich vor, wenn der Lanner oder irgendwer schreit: ‚Wo is der Bundeskanzler!', daß ich immer sofort dort am Bankerl sitzen muß. Aber ich muß ja auch arbeiten. Wenn eine Nationalratssitzung ist, dann ist das für mich ein zerrissener Tag. Ich bin dann nicht Herr meines Tages, und das irritiert mich. Meine große Schwäche ist außerdem, daß ich nichts abstrahieren kann von der Persönlichkeit eines Parlamentariers und bedenke, daß er eben einen Querschnitt des Volkes repräsentiert. Meinen Ministern sag' ich halt immer vor den Parlamentssitzungen: Nur nix g'fallen lassen."

Nächster Termin: Der Betriebsrat einer Firma aus dem Wahlkreis Kreiskys im westlichen Niederösterreich will seine Sorgen vortragen. Spontan greift Kreisky zum Telefon und ruft nicht irgendwen an, sondern gleich den ÖGB-Präsidenten, weil er sich wie immer aus erster Hand über die Lage des Unternehmens orientieren will: „Wie schaut's denn dort aus?", fragt er, und Benya gibt geduldig und aus dem Handgelenk Antwort. Er ist wohl solche Blitzanrufe Kreiskys gewohnt.

15 Uhr 45. Nach der ausgiebigen Mittagspause widmet sich der Kanzler nun eine halbe Stunde dem Betriebsrat und

Bitte leise schließen

MCMX

Aufschlagseite: Frühstück zu Hause
Vorhergehende linke Seite, oben: Vor dem Hause Armbrustergasse 15 – Aufbruch ins Amt
Vorhergehende linke Seite, unten: Der Kanzlerdienstwagen – Mercedes 450 SEL mit Schiebedach, Autotelefon und Luxusradio. Kriminalbeamter Stranka reicht dem Chef die Post
Vorhergehende rechte Seite, oben: Terminbesprechung im Vorzimmer – Kabinettschef Gehart, Fräulein Schmidt, Pressesekretär Kunz
Vorhergehende rechte Seite, unten: Blick ins Arbeitszimmer
Linke Seite: Zu Mittag mit Sinowatz im Café Sacher
Oben: Freunde

Oben: Angelobung – Kronprinz Nr. 1 Hannes Androsch
Rechte Seite, oben: Kronprinz Nr. 2 Leopold Gratz
Rechte Seite, unten: Ministerrat
Folgende Seite: Nach der Beratung – Gespräch mit Minister Broda

seinen Sorgen. Der scheidende Außenminister Bielka, der über seine Reise in die DDR berichten will, muß warten. Betriebsräte, Gewerkschafter und Großindustrielle, die ja auch im Vorsprachen-Register Kreiskys überproportional vertreten sind, haben allemal Vorrang.

16 Uhr 15. Während Bielka berichtet, ruft Schwedens Wahlverlierer Olof Palme an. Kreisky tröstet ihn in einem längeren Gespräch.

16 Uhr 30. Der elegante Sektionschef Beroldingen, Protokollchef des Kanzleramtes, referiert über den kommenden Staatsbesuch aus Rumänien. Kreisky gibt zwar vor, daß ihm protokollarische Fragen nicht allzu wichtig wären, aber der frühere Diplomat ist in Wahrheit davon überzeugt, daß eine gewisse Repräsentation wichtig und notwendig ist, also bereitet er sie mit Akribie vor – und genießt es auch, Gastgeber zu sein und glanzvoll zu empfangen.

16 Uhr 45. Kreisky setzt sich an Fräulein Schmidts Schreibtisch, umgeben von immer mehr Sekretären, die ihm Briefe vorlegen, Unterschriften erbitten, Fragen haben. Es geht schon wieder um Terminprobleme. Kreisky murrt über die SPÖ-Propagandareise und deren Route: „Wozu muß ich in Fürstenfeld übernachten?" Und dann ganz scharf und bestimmt: „I fahr nach der Versammlung ham. Was soll ich mit denen noch bis zehn Uhr sitzen!" Der Bundeskanzler redigiert einen Briefentwurf, den ihm einer seiner Sekretäre gereicht hat. Wie ein pedantischer Oberlehrer streicht und kritzelt er herum, ärgert sich über eine Formulierung: „So hab ich das nicht gemeint." Der Brief muß neu geschrieben werden. Dann inspiziert er eine Einladungsliste für ein Abendessen. Wieder wird er ärgerlich: „Die halberte Bürokratie ist eingeladen! Wieso soviel Leut' vom Außenamt? Wir müssen sparen. Ich wär' dafür, daß man die Beamten auf die Hälfte reduziert!"

## Wo wirklich Politik gemacht wird

Für 17 Uhr ist, wie an jedem Montag, eine der wichtigsten politischen Sitzungen der ganzen Woche angesetzt, ganz gewiß wichtiger als der Ministerrat am Dienstag oder eine routinemäßige Sitzung des Nationalrats: Die Ministerrats-Vorbesprechung. In diesem informellen Gremium wird mehr als in Regierung, Parlamentsfraktion oder Parteivorstand die eigentliche Politik festgelegt. Neben den Ministern nehmen an diesen Sitzungen Klubobmann Heinz Fischer, die zwei Zentralsekretäre der SPÖ, Fritz Marsch und Karl Blecha, der Chefredakteur der „Arbeiter-Zeitung", Manfred Scheuch, der Chef der „Sozialistischen Korrespondenz", Walter Hacker, SPÖ-Werbechef Heinz Brantl und der Kreisky-Pressesekretär Johannes Kunz (Vertragsbediensteter mit Sondervertrag) teil. Anders als beim offiziellen Ministerrat fehlen die zuständigen Beamten. Man ist unter sich.

Hier präsentiert Kreisky seine Gedanken, hält sehr offene Lagebesprechungen ab und entwickelt seine aktuelle Strategie. In diesem Gremium werden Partei- und Regierungsaktionen aufeinander abgestimmt, hier wird über alles Heikle gesprochen, bekommen die Minister ihre Rüffel, und hier gibt es – wenn auch selten – Kritik an Kreisky, einem seiner Aussprüche oder seiner vielen Pläne.

Gegen diese meist zweistündige Vorbesprechung verblaßt der Ministerrat, der oft nur wenige Minuten dauert, weil einige formelle Beschlüsse ohne Diskussion gefaßt werden, zu einem reinen Routinegremium. So wie die Paritätische Kommission, die ja auch in keinem Gesetz verankert ist, überragende Bedeutung für Österreichs Wirtschaftspolitik hat, so ist auch die Ministerrats-Vorbesprechung in keinem Statut verankert und verfügt über keine schriftliche Geschäftsordnung. Erstaunlich, wie groß der Hang der

Österreicher zu solchen informellen Gremien ist, die juristisch völlig in der Luft hängen und doch von entscheidender Wirkung für die Politik unseres Landes sind.

Die Stimmung der Sitzung ist gelöst und entspannt. Kreisky kommt ausnahmsweise einmal pünktlich, was immer bedeuten kann, daß er sich über einige zu spät Kommende mokiert. Handelsminister Josef Staribacher grüßt leger und grinsend mit „Habe die Ehre", Kaffee wird bestellt. Die Türen schließen sich.

Nahtlos anschließend an die Sitzung, in der Kreisky einen Lagebericht nach der Schwedenwahl gab – „Lange wird die bürgerliche Koalition nicht halten" –, bespricht der SPÖ-Vorsitzende mit seinen Zentralsekretären Parteigeschäfte. Dabei fragt er auch Fritz Marsch nach den geplanten Schülerzentren, über die er am Morgen den beiden Redakteuren des „Rennbahn-Expreß" so wenig sagen konnte. Es stimmt schon: Es ärgert ihn, wenn er irgend etwas nicht weiß, und er holt seinen Informationsrückstand schleunigst nach.

Gegen 20 Uhr besucht er noch seine alte, kranke Tante im Spital, dann trifft er „einen alten Freund". Und gegen 22 Uhr 30 ist er zu Hause.

# DIENSTAG

# Frühstück bei Kreiskys

Des Kanzlers berühmte Mietvilla in Heiligenstadt, am Rande Grinzings in der Armbrustergasse, benachbart Wiens nobelsten Heurigen, sieht eleganter aus, als sie im Inneren ist. Der große Garten ist prächtig, aber das Haus ein wenig verwinkelt, eher gemütlich und verwohnt als perfekt und repräsentativ eingerichtet. Vollgeräumt mit Büchern, Bildern und Möbeln.

Das Frühstück, seine Hauptmahlzeit, wie er sagt, nimmt Bruno Kreisky mit seiner Frau Vera in einem nicht besonders intimen größeren Raum ein, der halb Vorzimmer, halb Durchgangsraum ist und wo gegessen wird, wenn nicht, wie häufig, Gäste geladen sind.

Der Tisch ist üppig gedeckt: weiche Eier, Wurst, Käse, Gemüse, Marmelade, drei Brotsorten, Kaffee. Das Telefon läutet fast ununterbrochen. Der Telefonomane Kreisky kann in seiner Wohnung über insgesamt sieben Anschlüsse in fast allen Räumen verfügen. Eine Vermittlungsanlage, wie für ein mittelgroßes Büro, steht im Frühstückszimmer. Kreisky trägt noch seinen Morgenmantel.

Auf der Treppe empfängt uns der heute diensthabende Kriminalbeamte Walter Stranka. Früher tat das bei Gästen, welche die Köchin – die sonst die Türe öffnet – nicht kannte, Kreisky selbst. Aber nach der Geiselaffäre von Marchegg hat Innenminister Otto Rösch den Bundeskanzler zu einer diskreten Bewachung überredet. Vor dem Haus steht Tag und Nacht ein VW-Bus mit zwei Kriminalbeamten, die den Eingang kontrollieren. Am Ende des Gartens, der zu Kreiskys Villa gehört, patrouilliert auf der Straße ein uniformierter Polizist. Und gegen sieben Uhr früh kommt der jeweils Kreisky begleitende Kriminalbeamte (entweder Stranka oder Franz Ehrenreich) ins Haus und beginnt seine Arbeit, die eine Mischung aus polizeilichem Sicherheitsdienst und Dienst an der Person des Kanzlers ist. Heute etwa gibt Stranka, während Kreisky mit uns frühstückt, telefonisch ein Geburtstagstelegramm für Vera Kreiskys Onkel in Stockholm auf. Mit Schmuckformular, denn das ist, wie Frau Kreisky trotz des Mißvergnügens ihres Mannes sagt, in Schweden so üblich. Stranka telefoniert. Es fehlt nur, daß er „sehr wohl" sagt, wenn er einen Auftrag übernimmt.

# Kreiskys „Millionärs-Stil“

Der erste sozialistische Bundeskanzler Österreichs führt in mancher Beziehung ein Leben im „Millionärs-Stil“, wie es sich der Durchschnittsösterreicher nur erträumen kann. Das betrifft nicht so sehr die Verfügbarkeit über Geld – Kreiskys Einkommen liegt unter dem eines Bankdirektors oder auch nur eines mittleren Unternehmers –, sondern die Verfügbarkeit über Menschen. Mit Druck auf eine Klingel holt er zu Hause das Dienstmädchen, das gehorsam seiner Anweisungen harrt, mit Knopfdruck ruft er im Bundeskanzleramt Fräulein Schmidt oder einen der am Gang auf Kanzlerwünsche wartenden Diener. Seine Chauffeure, Karl Blauensteiner für den Zwölfzylinder-Jaguar und Peter Rubey für den Mercedes 450 SEL, sind es gewohnt, auch Besorgungen vorzunehmen, Botengänge zu machen, Anzüge abzuholen, Einkaufsfahrten durchzuführen. Außerdem sehen es viele Firmen, bei denen der Kanzler oder seine Frau kauft, als Ehre an, den Kreiskys alles nach Hause zuzustellen, ein Service, von dem ein gewöhnlich Sterblicher nur träumen kann. Auch die beiden persönlichen Kriminalbeamten übernehmen neben der Bewachung des Regierungschefs noch Telefondienst, helfen Kreisky in den Mantel, tragen bei Bedarf seine Aktentasche, spielen also zuweilen Kammerdiener mit der Pistole im Hosenbund.

Rund um Kreisky gibt es noch eine funktionierende Welt von Dienstleistungen. Sekretäre, Diener, Hauspersonal und Autos stehen jederzeit bereit, Handwerker reparieren schneller als bei jedem anderen, ein Bundeskanzler muß auch privat niemals auf etwas warten, ob nun beim Arzt oder im Restaurant. Auch während seiner Arbeit ist er ständig von vielen dienstbaren Geistern umgeben, wenn es sein muß, bis in die Nacht. Ein Bataillon von „Sekretären“ steht ihm zu Diensten: drei Staatssekretäre, zwei Zentralsekretäre, zwei Sekretärinnen und acht Sekretäre im Kanzleramt und ein Sekretär samt einer Reihe Helfern in der Parteizentrale in der Löwelstraße.

Das alles kann man Kreisky nicht zum Vorwurf machen. Es gehört bis zu einem gewissen Grad zu seinem Amt, und ein Bundeskanzler, der mit der Straßenbahn oder dem Fahrrad in sein Amt fährt, wie es das in Skandinavien gelegentlich gibt, ist bei uns undenkbar. Aber natürlich prägt ihn die direkte Verfügbarkeit über so viele Menschen – ob sie nun Kreisky aus seinem Einkommen bezahlt, wie seine Hausangestellten, oder ob sie vom Staat entlohnt werden, wie seine Chauffeure, die Kriminalbeamten, Sekretäre und Amtsdiener.

Kreiskys privater Lebensstil ist solide. Er geht nicht in Bars oder gibt privat glanzvolle Feste in irgendeinem Lokal. Solide heißt freilich nicht billig. Er trägt nun einmal Maßschuhe um 3000 Schilling und Hantak-Maßanzüge, die 10.000 Schilling kosten. Diskrete englische Eleganz hat ihren Preis, und Kreisky ist ein Mann, der sehr viel auf Stil hält, auch wenn er in manchen Aspekten wie ein „Millionärs-Stil" wirken könnte.

# Der überwachte Kanzler

Es ist jetzt neun Uhr früh, und Kreisky beginnt, kaum daß wir bei ihm sind, zu politisieren und zu philosophieren. Frau Kreisky, die wegen starker Kopfschmerzen kaum etwas ißt, schweigt dazu. Aber das ist im Hause Kreisky immer so. Über Politik redet nur er, obwohl die hochgebildete Vera Kreisky durchaus eigenständige und vernünftige politische Ansichten hat. Doch bei Kanzlers ist das Patriarchat noch in Ordnung.

„Ich bin kein freier Mann mehr“, klagt Kreisky, als wir von den Sicherheitsvorkehrungen sprechen, die aber bei uns weit weniger spürbar sind als etwa in der Bundesrepublik oder den USA. Es gibt praktisch nie begleitende Sicherungsfahrzeuge, als einziger Schutz fährt ein Kriminalbeamter im Wagen Kreiskys mit. Und der muß höllisch aufpassen und immer nahe beim Kanzler bleiben, „denn warten tut er net, die Überfuhr darf man nicht versäumen“, berichtet Walter Stranka, der mir auch seine kleine Pistole zeigt, die aber mehr ein Schreckschuß- als ein Tötungsinstrument zu sein scheint. Es kommt freilich immer wieder vor, daß Kreisky seinen Bewacher am Abend einfach nach Hause schickt. „Das wird von uns akzeptiert, und dann gehen wir halt“, sagt Stranka. Man ist also eher gemütlich, auch dann, wenn die Sicherheit im Spiel ist. Bisher gab es allerdings auch noch nie eine gefährliche Situation, einen direkten Angriff auf Kreisky. Und die Bewachung läuft immerhin schon seit Mai 1974.

Herr Kreisky spricht mit Frau Kreisky plötzlich schwedisch. Das wirkt etwa so wie die Gewohnheit in feinen Häusern früherer Tage, wo man vor den Kindern und Bediensteten über Angelegenheiten, die sie besser nicht hören sollten, französisch parlierte. Und so ist es ja wohl auch von Kreisky gemeint, der sein wirkliches Privatleben, trotz aller Gastlichkeit, fast prüde und verschämt von der Außenwelt abschirmt.

Ich frage Kreisky, als der schwedische Zwischendialog beendet ist, wie er mit seinen Ministern zufrieden ist. Er spricht über seine Regierung wie ein Lehrer über seine – ziemlich braven – Schüler: „Ich bin bös, wenn sie zu viel weg sind, weil ich sie dann nicht sofort erwische. Im großen und ganzen hab ich ein sehr gutes Verhältnis zu ihnen, aber ein nicht informierter Minister würde mir schon sehr auf die Nerven gehen. Der hätte es schwer mit mir. Ich stelle große Anforderungen an meine Umgebung, in die ich ja niemanden zwinge. In der Regierung gibt es einen beträchtlichen Leistungsdruck, ganz im Gegensatz zu den modernen Erziehungsmethoden, aber von denen halte ich nichts. Der Regierungschef ist ein Regierungschef, und das wollen die Leute auch so haben. Eine Regierung ist keine Erziehungsanstalt oder ein Verein für individualpsychologische Studien. Das ist ein Gremium, das unter Leistungsdruck steht. Einen Vorteil aber gibt es schon: Ich schaffe nichts an. Ich will allerdings auch nicht von irgend etwas überrascht werden."

„Verale", sagt er plötzlich unvermutet, „heute sind die Eier aber total verhaut." Kriminalbeamter Stranka meldet, daß der Briefträger ein Anliegen habe und ganz kurz mit dem Herrn Bundeskanzler sprechen möchte. Kreisky brummt etwas und will jetzt nicht mit dem Briefträger, sondern weiter über sich selbst reden, was er offensichtlich sehr gerne tut: „Ich hab' mir immer selbst sehr viel abverlangt", setzt er fort, „und mich auch nie um etwas beworben." Und als abschließendes Lob: „Organisieren, das kann ich, glaub' ich, schon ganz gut."

# Dialog mit sich selbst

Aufbruch. Herr Stranka hilft dem Bundeskanzler in den Mantel. Ein großes Suchen nach einem verlorenen grauen Hut beginnt. „Hab' ich den vielleicht in Warschau liegen lassen?" Kreisky wirft einen Blick in den Spiegel und ist offensichtlich mit dem Anblick zufrieden. Vor dem Haus begrüßen die beiden diensthabenden Kriminalbeamten den Kanzler, der in seinen Dienstwagen klettert, einen schwarzen Mercedes 450 SEL mit Schiebedach, Autotelefon, dem modernsten Autoradio und einem diskreten vierstelligen Kennzeichen. Auf dem Weg in die Stadt läßt sich Kreisky von Stranka eine Zeitung nach der anderen nach vorne reichen. Angeregt durch die Lektüre über Erhard Buseks Übersiedlung in die Wiener ÖVP beginnt er plötzlich seinen Widersacher, Oppositionsführer Josef Taus, zu charakterisieren: „So weich und verbogen er wirkt, er hat doch zwei harte Punkte: seine Ellbogen. Und er entledigt sich aller Leute, die werden könnten, was er ist."

Das übliche Ankunftszeremoniell. Kreisky geht direkt zum Ministerrat in den großen Saal des Bundeskanzleramtes. Aber der ist heute ein „Witz", wie ein im Pressefoyer wartender Journalist sagt. Schon nach sechs Minuten öffnen sich wieder die Türen, und die Minister kommen plaudernd heraus. Manche gehen rasch an den Journalisten vorbei, andere langsam, als würden sie darauf warten, angesprochen und gefragt zu werden. Kreisky wartet erst gar nicht darauf, stellt sich mitten im Saal auf, genau vis-a-vis der Fernsehkamera, schaut die Journalisten aufmunternd an und sagt fordernd: „No?"

Die Kärntner Minderheitenfrage und die Risken von Atomkraftwerken bieten Gelegenheit für Kreisky-Monologe, die er immer wieder mit typischen, griffigen Aussprüchen wie „Vorläufig wird noch von der Regierung regiert" zu würzen versucht. Anschließend gibt er ein Interview für das italienische Fernsehen zum Thema Föderalismus, und dann muß ihm Fräulein Schmidt schon die ersten telefonischen Verbindungen herstellen.

„Ohne Telefon könnte er nicht leben", konstatiert Leopold Gratz, als ich ein paar Tage später mit ihm über den Arbeitsstil Bruno Kreiskys spreche. Die Mitarbeiter des Kanzlers bestätigen, daß der beste Weg zu seinem Ohr tatsächlich übers Telefon führt, ja daß dieses Gerät für den Bundeskanzler geradezu Fetisch-Charakter habe. Ich muß daran denken, als ich ihn beobachte: Liebevoll entwirrt er die verdrehte Telefonschnur und versinkt dann in seinen Hörer, als erfahre er aus ihm letzte Geheimnisse. „Wenn er es noch so eilig hat, den Hörer hebt er immer ab", erzählt einer seiner Mitarbeiter, „für ihn sind eben Sprache und menschliche Stimme etwas ganz Wesentliches. Er nimmt oft wichtiger, was er am Telefon hört, als das, was man ihm persönlich vorbringt."

Bürgermeister Gratz erzählt, daß ihm Kreisky einmal nach einem langen telefonischen Monolog, bei dem er als Gesprächspartner nie zu Wort gekommen war, heftig gedankt habe, weil „diese Aussprache und deine Meinung über die Sache mir sehr wichtig waren". Gratz zu dieser Telefon-Manie Kreiskys: „Er braucht manchmal auch ein stummes Gegenüber, das ihm nur zuhört. Er denkt eben auch telefonisch nach."

# Ombudsmann im Kanzleramt

Nicht nur das Telefon ist ihm wichtig, sondern auch das Gespräch mit Leuten, die ein anderer Regierungschef wohl niemals, und auch kaum ein österreichischer Minister oder Landeshauptmann, empfangen würde. Da kommt etwa heute ein Schweizer zu ihm, der sich seit Jahren mit der Rolle der Habsburger in der Schweiz beschäftigt und durch seine Forschungen für dieses in der Schweiz umstrittene Geschlecht dort ein positives Bild erreichen will.

Kreisky ist nachher ganz angetan von diesem Mann und dieser Idee. Versöhnung mit der eigenen Geschichte, und sei sie auch erst 30 oder 40 Jahre vergangen, ist dem Bundeskanzler ein großes Anliegen. Der Generalsekretär der israelischen Arbeiterpartei führt anschließend ein langes Gespräch mit Kreisky, der mir nachher befriedigt sagt: „Ich steh' gar nicht so schlecht mit den Israelis, wie viele glauben." Auch hier geht es ihm wohl darum, noch offene Wunden, an denen er freilich mitschuldig ist, die ihm aber offenbar weh tun, wieder zu heilen.

Ich lese einen Brief, der auf dem Schreibtisch von Regierungsrat Bernthaler liegt. Es ist schon seltsam, womit sich manche Leute an den Bundeskanzler wenden. Da lädt eine Grazerin Kreisky zu ihrem 20jährigen Hochzeitstag ein, bittet ihn aber zugleich um eine finanzielle Unterstützung für diesen Ehrentag. Begründung: „Ich bin nämlich arm." Manche seltsamen Käuze schicken gar bis zu dreimal täglich ellenlange Briefe mit wirren Warnungen vor der Kirche, der eigenen Partei und drohenden Gefahren aus dem Weltall. Einer dieser Dauerkunden scheint seine ganze Zeit und sein ganzes Geld für solche Briefe auszugeben, die er regelmäßig überfrankiert abschickt und die – was soll man schon damit machen? – tagtäglich direkt in den Papierkorb Bernthalers wandern.

Ein Telefongespräch mit Willy Brandt – der in einem Salonwagen der Deutschen Bundesbahn irgendwo auf einem westdeutschen Bahnhof zu erreichen ist – wird von Margit Schmidt vermittelt. Der Israeli ist noch immer bei Kreisky. Nahost ist eben ein Steckenpferd des Bundeskanzlers.

Lange wartet auch schon ein Geldbriefträger mit besonderem Auftrag auf den Kanzler. Er bringt Kreisky eine Steuerrückzahlung (offenbar aus dem Jahresausgleich) in stolzer Höhe von fast 50.000 Schilling und zieht schließlich gegen Mittag mit der Kanzlerquittung und 100 Schilling Trinkgeld befriedigt ab.

Aufschlagseite: Gespräch mit einer Arbeiterin in einer Textilfabrik
Oben: Anzug für den Konsum
Rechte Seite: Jause in der Fabrik
Folgende linke Seite: Aussprache mit SPÖ-Betriebsräten
Folgende rechte Seite, oben: Amerika-Sterne – Gespräch mit Marcel Prawy
Folgende rechte Seite, unten: Gründung eines Betriebs in Fohnsdorf – Gespräch mit Eumig-Chef Vockenhuber

Linke Seite, oben: Pressefoyer
Linke Seite, unten: Harte Aussprache mit rebellierenden sozialistischen Studenten (VSSTÖ)
Oben: Shopping City Süd: Bewunderung für einen Hummer (wird rot, wenn gekocht)
Folgende Seite: Der Einzelkämpfer

# Des Sonnenkönigs Söhne

Kreisky hat wieder kurz für uns Zeit. Er versucht zu erklären, wie er Informationen einholt, wie Entscheidungen heranreifen. Er spricht von den außenpolitischen Telegrammen, den bis zu dreimal täglichen Kontakten mit Innenminister Otto Rösch („Es passiert ja viel mehr, als in den Zeitungen steht") und charakterisiert sein Verhältnis zu Gratz und Androsch, die man seine Kronprinzen nennt: „Mit Gratz spreche ich häufig telefonisch. Und der Androsch kommt oft Samstag, Sonntag zu mir. Da gehn wir am Nachmittag spazieren. Und wir reden über die langfristige Regierungspolitik. Ich bin nicht für die einsame Taktik, sondern ich versuche zu erklären, warum eine gewisse Linie gut wäre."

Androsch gehört schon fast zur Familie. Mit ihm ist Kreisky so herzlich und persönlich wie mit keinem anderen Politiker, ausgenommen vielleicht Karl Blecha, der ja auch eine Art Sohnesrolle spielt. Zu Gratz ist das Verhältnis freundschaftlich, aber seinem Herzen steht Androsch näher. Er findet wohl in seinem Vizekanzler mehr eigene Eigenschaften wieder. Jenen starken Instinkt für Macht und Einfluß, aber auch einen Ernst, den er bei Gratz gelegentlich vermißt. Denn Kreisky ist bei aller Witzigkeit und Freude an der Formulierung ein ernster Mensch. Und seine sprachlichen Arabesken dienen weniger der Unterhaltung und mehr dazu, seine Absichten besser zu verkaufen oder den politischen Gegner lächerlich zu machen. Gratz hätte vielleicht auch Freude an einem Leben ganz ohne Politik. Aber so etwas kann sich Kreisky – wenn er ehrlich ist – gar nicht vorstellen; und Hannes Androsch wohl auch nicht. „Daß Kreisky irgendwann ganz abschaltet", sagt Gratz, der das offensichtlich nicht ganz versteht, „ist undenkbar."

Dieses Rotieren als Lebenszweck verbindet ihn auch mit

Zentralsekretär Karl Blecha, mit dem er sich ebenso wie mit Blechas Kollegen Marsch nahezu täglich berät. Persönlich kommt er in sein Büro in der SPÖ-Zentrale in der Löwelstraße relativ selten. „In der Partei ist die Atmosphäre anders, nüchterner. Hier am Ballhausplatz spürt man die Wucht der Jahrhunderte“, differenziert Kreisky. Und nach einer kleinen Nachdenkpause: „Ich arbeite gern hier.“

## Wie er seine Minister behandelt

Wie Kreisky seine Minister und seine wichtigsten Mitarbeiter in der Partei aussucht, darüber ist schon viel gerätselt und gelacht, gestaunt und gelästert worden. Ganz gewiß sucht sich Kreisky seine Leute nicht danach aus, ob sie brav die vorgeschriebene Aufstiegsleiter benutzt haben, also die sogenannte Ochsentour machen. Ihn interessieren Leute außerhalb der oft erstarrten Hierarchie: Androsch war ein kleiner, wenn auch begabter Abgeordneter, als ihn Kreisky an die Brust zog, Blecha der quicke Chef eines SPÖ-nahen Instituts für Meinungsforschung, Kirchschläger Gesandter in Prag, Lütgendorf Bundesheer-Brigadier, Ingrid Leodolter einer der wenigen sozialistischen Primarärzte, Veselsky Kammerangestellter.

Er sieht aber nicht nur die Personen, sondern berücksichtigt auch ihr gesellschaftliches Umfeld. Wahrscheinlich sogar vor allem dieses Umfeld und die Wirkung, welche die Berufung eines Außenseiters in der Öffentlichkeit und für unentschlossene Wähler hat. Gibt es für einen Posten mehrere Kandidaten, neigt er gelegentlich dem Prinzip der natürlichen Auslese zu wie im Dschungel. Das muß nicht immer gutgehen, aber sein Gespür für kontroversielle Situationen ist auch bei Personalproblemen überentwickelt.

Er stellt sich absolut hinter Leute, zu denen er eine persönliche Beziehung gefunden hat, solange sie auch ihm gegenüber loyal sind. Und Menschen, die er neu kennenlernt, bringt er eine sympathische begeisterungsfähige Großzügigkeit entgegen und zeigt dabei einen gewissen Idealismus. Kreisky gibt neuen Leuten, „die sich erst bewähren müssen", Vorschußlorbeeren, pardoniert eine gewisse Zeit auch Fehler. Freilich hegt er anderseits gegen manche Leute auch Vorurteile, die ihm nur schwer oder gar nicht auszureden sind. Und der Ausspruch „Das ist ein dummer Mensch" bedeutet, daß man bei ihm keinerlei Chance hat. Er wird allerdings umgekehrt ziemlich böse, wenn jemand ihm einen Mann, den er ins Auge gefaßt hat, vermiesen will. Er besteht darauf, sich selbst eine Meinung über Menschen zu bilden.

Er hat ein „Elefantengedächtnis", wenn es um Personen geht, erinnert sich genau und über Jahre an positive und negative Eindrücke und Erfahrungen. Er verzeiht gelegentlich, aber er vergißt nie!

Wenn er von Politikern, denen er sein Vertrauen geschenkt hat, enttäuscht wird, wenn sie die Rolle, die er ihnen zugewiesen hat, seiner Meinung nach nicht ausfüllen, dann kann er sehr boshaft sein. Dann legt er es gelegentlich auch darauf an, sie zu blamieren. Als etwa bei der Regierungsklausur auf der Schallaburg Gesundheitsminister Ingrid Leodolter seine Frage über die nächsten wichtigen Vorhaben ihres Ressorts nicht prompt beantworten konnte, wandte er sich mit der gleichen Frage an den danebenstehenden Sozialminister Häuser, der besser Bescheid wußte. „Er will gerne jemanden besiegen", schildert Hannes Androsch diese Lust Kreiskys am Bloßstellen, „aber nie jemanden am Boden zertreten."

So beweist er auch gegenüber Ministern, die er als Versager ansieht und die eine Belastung der gesamten Regierung bedeuten, erstaunliche Langmut. Diese Langmut im Ärgern, aber natürlich auch die Angriffe der Massenmedien, haben die Betroffenen davor bewahrt, Opfer der herbstlichen Regierungsumbildung zu werden. „Man fühlt sich bei ihm geborgen", spürt Hannes Androsch. Und wenn jemand aus seiner Umgebung angegriffen wird, stellt er sich zuerst einmal vor ihn.

# Kreisky und das „Sacher"

Der Bundeskanzler wechselt das Thema und erzählt, daß sein letzter Verwandter aus der großen Familie Kreisky, sein Onkel, am Montag mit neunzig gestorben ist. Darum trägt er auch eine schwarze Krawatte. „Bis jetzt", sagt er und schaut auf einmal sehr ernst drein, „da hat's noch den jungen und den alten Kreisky gegeben. Aber nun . . ."

Zu Mittag will Kreisky Unterrichtsminister Fred Sinowatz, den er menschlich sehr schätzt, im Café „Sacher" treffen. Vorher aber unterschreibt er noch schnell zwei Briefe: Einen an den Präsidenten eines südamerikanischen Staates (ich werde gebeten, das Land nicht zu nennen), in dem er mitteilt, Österreich würde einem politischen Gefangenen Asyl gewähren, sollte man ihn aus der Haft entlassen. Der zweite Brief ist an die „Junge Generation" Wien-Donaustadt gerichtet, und darin erklärt sich der Bundeskanzler bereit, über die Gründe zu diskutieren, warum er den parteilosen Willibald Pahr zum neuen Außenminister erkoren hat. Der kritische Brief der jungen Genossen, in dem „um baldige Antwort" ersucht wird, stammt allerdings schon vom 27. Juli. Manchmal mahlen Kreiskys Mühlen doch sehr langsam.

Wir fahren durch dichten Verkehr zum „Sacher". In der Herrengasse winken junge Leute aus einem Wagen dem Bundeskanzler zu. Der kurbelt leutselig das Fenster herunter. „Wir sind aus Kärnten", rufen die Verehrer. In der Halle des Hotels „Sacher" trifft Kreisky den Josefstadt-Direktor Ernst Haeusserman, der den Kanzler mit einem tiefen Diener begrüßt und dann einen „späten Schnitzler", der bald Premiere hat, anempfiehlt. Der „Sacher"-Direktor umschwirrt Kreisky und Sinowatz, die im überfüllten Kaffeehaus vorerst keinen Platz finden, aber dann wird doch ein Tisch freigemacht.

Inmitten von Amerikanerinnen, die Sachertorte schmausen, besprechen Kreisky und Sinowatz Regierungsgeschäfte. Der Kanzler ißt eine Portion Schinken und eine Eierspeise und verplaudert eine Stunde, ehe er sich mit einem herzlichen „Servas“ vor dem „Sacher“ von Sinowatz verabschiedet.

„Hat da jemand Gulasch gegessen?“ fragt Kreisky, seine Nase rümpfend, im Auto, wo wir uns mit Stranka auf der hinteren Bank drängen. Es riecht tatsächlich ein wenig nach jenem Gasthaus, wo Fotograf Peter Lehner und ich – weniger nobel als Kreisky – zu Mittag gegessen haben. Der Kanzler hat eine unheimlich feine Nase. Das bestätigen mir später auch seine Mitarbeiter. Den Geruch von Gulasch oder Knoblauch, beides gehört nicht unbedingt zu seinen Lieblingsdüften, spürt er noch nach Stunden auf.

Kreisky schwärmt auf der Fahrt von dem jungen Chemie-Gewerkschafter Alfred Teschl, der nun zu ihm kommen wird und den er als modernen Typ des auch unternehmerisch denkenden ÖGB-Funktionärs preist. Im Vorbeigehen fixiert er bei Fräulein Schmidt einen Termin mit dem Großindustriellen Kahane und wirft seiner Sekretärin hin: „Ich hab mich mit dem ‚Sacher‘ wieder versöhnt. Ich geh’ wieder hin. Wegen der Kellner.“ Hinter dieser Bemerkung steckt, daß sich Kreisky von dem jungen „Sacher“-Besitzer Dr. Gürtler wenig respektvoll und freundlich behandelt gefühlt hat. Worauf er für einige Zeit das „Sacher“ boykottierte. Denn Respektlosigkeit verträgt er absolut nicht.

Plötzlich fällt Kreiskys Blick noch auf ein großes Farbfoto, das auf Margit Schmidts Schreibtisch liegt und das er signieren soll. „Das große Foto für die Betriebsrätin?“ sagt er ärgerlich, „haben wir kein kleineres? Die hängt sich ja die ganze Wand voll damit.“ Fräulein Schmidt bestellt das Gewünschte. Widerspruchslos unterfertigt er aber ein großes Farbfoto für den Deutsch-Dolmetsch des französischen Außenamtes. Dann bekommt er wiederum jenen Briefentwurf vorgelegt, an dem er schon gestern so viel korrigiert hat. Doch auch an der revidierten Fassung mäkelt und streicht er herum. Der Sekretär seufzt auf. Fräulein Schmidt erklärt mir: „Man muß sich in seinen Stil hineindenken. Da ist er sehr genau.“ Bevor er dann endgültig mit Teschl in seinem Arbeitszimmer verschwindet, gibt er noch Anweisung, für den „schönen, späten Schnitzler“ in der Josefstadt Karten zu bestellen. Er scheint wirklich auf nichts zu vergessen.

# Kreiskys Gründer-Tick

Der Termin mit dem Chemie-Gewerkschafter Teschl, wie auch die vielen Kontakte, die er in diesen Tagen mit kapitalstarken Industriellen wie Karl Kahane, Herbert Turnauer und dem Industriemanager Dr. Kurt Grimm von der Creditanstalt knüpft, hängen mit seinem Gründer-Tick zusammen, einer Eigenschaft Kreiskys, von der man wenig weiß. Auch das Gespräch, das dem Termin mit Teschl unmittelbar folgt und in Wiener Neudorf mit dem Hauptgesellschafter der „Eumig"-Werke, Karl Vockenhuber, stattfindet, hängt mit Kreiskys Gründerehrgeiz zusammen. Ging es beim Gespräch mit Teschl um ein neues Zellstoffwerk an der Donau, über dessen Finanzierung er auch mit Kahane, Turnauer und Grimm spricht, so regt er in Wiener Neudorf an, „Eumig" solle im Fohnsdorfer Gebiet eine Fabrik aufbauen, um für die Kumpel des Braunkohlenbergwerks, das – weil unrentabel – geschlossen werden soll, Ersatzarbeitsplätze zu schaffen.

Wahrscheinlich sind für Kreisky solche Verhandlungen über die Gründung von Fabriken – für die er ja gar nicht ressortzuständig ist – so reizvoll, weil es dabei meist sichtbare und handfeste Resultate gibt und weil er sich dabei als direkter Geburtshelfer fühlen kann. Diese Rolle als etwas geheimnisumwitterter, nimmermüder *deus ex machina* behagt ihm sehr. Vielleicht will sich Kreisky auch Denkmäler setzen. Auf alle Fälle ist er eifersüchtig darum bemüht, seine Rolle als Geburtshelfer klarzustellen. Als nämlich am nächsten Tag Steiermarks Landeshauptmann Friedrich Niederl das Verdienst an der neuen „Eumig"-Gründung für sich in Anspruch nehmen will, reagiert Kreisky sofort mit einem scharfen Kommuniqué, in dem er feststellt, daß er der erste war, der bei „Eumig" anklopfte.

Am Nachmittag fährt Kreisky also – unter großer

Geheimhaltung über den Zweck seiner Fahrt – zum „Eumig"-Chef nach Wiener Neudorf. Diese Geheimnistuerei ist übrigens auch einer der vielen Kreisky-Tricks. Schon oft hat er Gesprächspartner mit der Bemerkung „Das ist streng vertraulich" oder „Das sag' ich nur Ihnen" zu stolzen Geheimnisträgern des Bundeskanzlers erhoben und damit rasch ein besonderes Vertrauensverhältnis geschaffen. Diesen Trick wendet er sehr gerne auch gegenüber Journalisten an, die er für wichtig hält.

# Hummer für den Kanzler

Vor dem Eingang B der riesigen „Shopping City Süd“ warten gegen 17 Uhr eine Gruppe von Direktoren und Financiers, eine Musikkapelle (Kreisky, noch im Auto, als er sie sieht: „Ui jegerl, da brauch’ i ja a Geld“) und eine ganze Schar Hostessen auf den Kanzler. Tausend Schilling wechseln aus der Hand Kreiskys in jene des Kapellmeisters, und nach einem Marsch läßt sich Kreisky durch den riesigen Kaufpalast führen.

Angesichts des gewaltigen neuen Baues kommt sein manchmal ein wenig naiver Fortschrittsglaube zum Durchbruch: „Sehr, sehr schön, wirklich imponierend“, sagt er, und dann bedauernd: „Ich komm’ ja nie zum Einkaufen.“ Mit einem Manager des französischen „Carrefour“-Konzerns spricht er ein paar Sätze in dessen Muttersprache, was Kreiskys Begleiter sichtlich beeindruckt. Es ist unglaublich, wieviel Leute Kreisky hier kennt. Betriebsräte der vertretenen Firmen und deren Direktoren, die Gemeinderäte der Gemeinde Vösendorf und Vertreter der Hochfinanz, die zuhauf in der Shopping City versammelt sind. Diese ungeheure Personenkenntnis, erworben in Jahrzehnten politischer Tätigkeit, ist ein Kapital, das er einem Josef Taus – der nicht einmal alle Landesfunktionäre seiner Partei kennt – immer voraushaben wird.

Die körperliche Kondition des Kanzlers ist beachtlich. Nach einem langen Arbeitstag stapft er nun mit flotten Schritten fast eine Stunde unverdrossen von Geschäft zu Geschäft und durch ein paar Kaufhäuser. Geradezu enthusiastisch reagiert er vor dem Bassin einer Fischhandlung, in dem lebende Hummer gehalten werden. „Das müßte meine Frau sehen“, sagt er und ist sichtlich erfreut, als ihm einer der großen lebenden Hummer als Geschenk überreicht und in einen Korb verpackt wird.

Langsam windet sich die Menschenschlange rund um Kreisky wieder dem Ausgang zu. Der Bundeskanzler murmelt dem CA-Manager Dr. Grimm (der einer seiner besten persönlichen Freunde ist) rasch zu: „Jetzt muß der Turnauer noch vernünftig sein, mit dem Teschl hab' ich die Sache schon besprochen." Da geht es wieder um die Zellstoffabrik an der Donau. Auf dem Rückweg im Auto, der geschenkte Hummer krabbelt in seinem Holzgefängnis im Kofferraum, ist Kreisky geradezu euphorisch: „Das war ein guter Tag", sagt er, und dann noch einmal: „Wirklich ein guter Tag." Er sinniert über die neue Konkurrenzsituation, die durch das Einkaufszentrum entsteht: „Mehr Konkurrenz, das ist sehr gut. Textilien sind in Österreich viel zu teuer."

Dann läßt er sich während der Fahrt von Chauffeur Peter Rubey über Autotelefon mit der SPÖ-Zentrale verbinden und spricht lange mit Zentralsekretär Marsch. Es geht um irgendeine Tagung in Baden, und Kreisky ärgert sich über die Vorbereitung: „Da haben wir ja nix Neues. Was sollen wir dort der Presse sagen? Ich muß mir das noch sehr überlegen." An die Wirkung nach außen denkt Kreisky – fast immer – zu allererst.

Für den Abend ist ein großes Familientreffen angesetzt, und Kreisky freut sich sichtlich darauf, Tochter Susi samt Mann und Sohn Peter samt Frau sind geladen. Und weil es im Hause Kreisky zu diesem festlichen Anlaß sowieso bereits Hummer als Luxus-Vorspeise gibt, zieht Sohn Peter, der politisch – wie man weiß – weit links vom Vater steht, nach dem Abendessen „hochbeglückt mit dem Hummer unter dem Arm" heimwärts. Erzählt hat mir das am nächsten Tag Bruno Kreisky. Und hat ganz verschmitzt und ein wenig boshaft dazu gelacht.

# MITTWOCH

# 82 Kilo – 66 Jahre

Bruno Kreisky schenkt seinem Körper nichts. Aber trotz aller Intensität seiner Arbeit achtet er – manchmal mit leicht hypochondrischen Zügen – auf seine Gesundheit. Und er zitiert dazu gerne die Meinung medizinischer Kapazitäten, versehen mit allen schönen Fachausdrücken. Heute morgen hat er sich, bevor er ins Bundeskanzleramt gefahren ist, vom Arzt einen Vitamincocktail gegen seine Grippeanfälligkeit spritzen lassen und das auch allen seinen Regierungskollegen empfohlen. Freilich dürfte auch diese vorbeugende Injektion ihn nicht vor seiner allherbstlichen Bronchitis bewahren. Praktisch jedes Jahr verschlechtert sich vor Weihnachten sein gesundheitlicher Zustand. Er wird immer heiserer, bekommt Fieber, schwitzt noch mehr als sonst. Sein Weihnachtsurlaub, den er immer in Lech am Arlberg verbringt, wirkt aber geradezu wie ein Jungbrunnen. Und er kommt vom Skifahren stets erstaunlich erholt auf den Ballhausplatz zurück.

Kreisky raucht nicht und trinkt nur sehr mäßig. Es gibt wohl niemanden, der an ihm in der Öffentlichkeit jemals auch nur einen Hauch von Alkoholwirkung bemerkt hat. Zu seinem Stil gehört Haltung in allen Lebenslagen, und er braucht auch keinen Alkohol. Wenn er es nötig hat, berauscht er sich an der eigenen Person.

Einen dauernden Kampf führt Kreisky, um seine Linie zu erhalten. Was ihm schwerfällt, weil er ausgesprochen gerne ißt und sich immer auf der Suche nach neuen und guten Restaurants befindet. Wobei er aber gemütliche Lokale lieber hat als besonders noble. So äußerte er etwa im Frühherbst 1976 den Wunsch, das Abschieds- und Begrüßungsessen anläßlich der Regierungsumbildung solle nicht in einem Nobelrestaurant, sondern in einem „gemütlichen Beisel" stattfinden. Kreisky ist stolz darauf, zu wissen, wo es in Wien das beste gekochte Rindfleisch gibt. Gut, wenn auch nicht raffiniert, wird bei ihm zu Hause gekocht. Der Kanzler bevorzugt Hausmannskost, Vera Kreisky, die aus Schweden stammt, liebt Fische und Meeresfrüchte.

Sein Gewicht gibt Kreisky, der im Jänner 1977 66 Jahre alt wird, mit bloß 82 Kilo an. Aber da dürfte er wohl ein wenig schwindeln. Wenn ihn nicht das Telefon davon abhält, strampelt er am Morgen ein paar Kilometer auf dem Zimmerfahrrad und macht etwas Gymnastik. Gelegentlich spielt er Tennis – wobei sein Perfektionsfanatismus dazu führte, daß er sich einen schmerzhaften „Tennisarm" holte. Im Winter fährt er passabel Ski. Sein körperlicher Allgemeinzustand – er läßt sich regelmäßig ärztlich untersuchen – ist für sein Alter sehr ordentlich. Er scheint sich aber seine Gesundheit weniger durch Sport als durch Arbeit zu holen: „Ich hab den schönsten Blutdruck, wenn ich nach einem harten Arbeitstag vom Parlament komm' ", sagt er stolz.

Regierungsrat Bernthaler wälzt Begräbnisprobleme. Er muß die „Kremierung" (wie der Kanzler altmodisch formuliert) von Kreiskys Onkel so ansetzen lassen, daß sein Chef trotz des rumänischen Staatsbesuches dafür Zeit hat. Das ist gar nicht so einfach und bedarf vieler Telefonate und Rücksprachen.

Aufschlagseite: Der Monolog
Linke Seite, oben: Zwischen Tür und Angel
Linke Seite, unten: Fräulein Schmidt mahnt an Termine!
Oben: Mit der Opposition – Taus und Peter

Linke Seite, oben: Der Redner
Linke Seite, unten: Slowenenfrage – Ein Brief von Landeshauptmann Wagner
Oben: „Schau'n Sie, das ist mein Arbeitsstil!"
Folgende linke Seite, oben: „Ich bin der Meinung . . ."
Folgende linke Seite, unten: Manchmal ein strenger, ja pedantischer Chef
Folgende rechte Seite: Information über Meinungsumfragen
Schlußseite: Nach der Angelobung des Kronprinzen Nr. 1 – Abschied

# Kreisky führt Regie

Ein Diplomat der amerikanischen Botschaft ist nun bei Kreisky. Während der Bundeskanzler rein protokollarische Antritts- und Abschiedsbesuche von Botschaftern so gut es geht eindämmt, sind ihm Informationsgespräche über außenpolitische Fragen wichtig. Er will auch über die Außenpolitik mehr wissen als alle anderen. Täglich liest er Dutzende Telegramme der österreichischen Botschaften und widmet solchen Informationsgesprächen viel Zeit – fast täglich einen Termin.

11 Uhr 30. Das Nationalkomitee, das für die Herausgabe der Amerika-Sterne verantwortlich ist, mit ORF-Generalintendant Otto Oberhammer, Politikern wie dem ÖVP-Klubobmann Stefan Koren und ÖAAB-Chef Alois Mock, Künstlern wie Marcel Prawy, Industriellen wie dem jungen Manfred Mautner-Markhof, Universitätsprofessoren wie Dr. Nußbaumer und schließlich den zuständigen Beamten, tritt im kleinen Konferenzsaal des Bundeskanzleramtes zusammen. Komitee-Vorsitzender Kreisky stößt mit zehn Minuten Verspätung dazu.

Der Bericht des Komitees über den Verkauf der Amerika-Sterne zur Finanzierung eines Lehrstuhls für österreichische Geschichte an einer amerikanischen Universität ist positiv. Kreisky scheint befriedigt zu sein. Seine Beziehungen zu den USA sind ja nach wie vor gut. Was ihn stört, ist die Langatmigkeit der Berichte. „Also wieviel Geld ist jetzt da?“ fragt er, um wie ein ungeduldiger Regisseur die ganze Sache voranzutreiben. Und als er den Betrag hört: „Das ist sehr gut, aber zugleich schlecht für die Regierung, weil sie die Summe verdoppeln muß.“ Ihm geht es sichtlich darum, die Sitzung weiterzubringen. Als man endlos darüber diskutiert, an welcher US-Universität der Lehrstuhl errichtet werden soll, und einige Herren schon die Sitzung verlassen müssen, nimmt der Kanzler die Sache selbst in die Hand, weil er „Rumpfsitzungen haßt, die an Länge zunehmen, je weniger Leute da sind“. Mit ein paar Sätzen faßt er das bisher Gesagte zusammen, zieht daraus ziemlich autoritär Schlüsse, legt fest, was noch gar nicht entschieden ist, aber alle nicken froh mit den Köpfen. Kreisky klopft, während er so zusammenfaßt, mit der Hand seine Worte unterstreichend, auf den Tisch. Allgemeines erleichtertes Händeschütteln. Kreisky geht wieder.

Nichts scheint ihn mehr zu stören als umständliches Herumgerede. Langatmig zu reden soll offenbar ihm vorbehalten sein. Doch er hat mit diesem Verhandlungsstil Erfolg. Jeder ist froh, wenn er die Sache in eigener Regie zu einem raschen Abschluß bringt.

# Kopfwäsche für Studenten

Drüben im Wartezimmer – übrigens jenem Raum, in dem Engelbert Dollfuß von nationalsozialistischen Putschisten erschossen worden ist – warten zwei junge Männer, die Vertreter des Verbandes sozialistischer Studenten (VSSTÖ). Kreisky, erbost über die Teilnahme des sozialistischen Studentenverbandes an gemeinsamen Demonstrationen mit der KPÖ, bei denen an der Regierung Kritik geübt wurde, hat die Beziehungen zum VSSTÖ „stillegen" lassen. Das heißt, der Verband erhält derzeit von der Partei kein Geld.

Die beiden jungen Männer wirken eher schüchtern und schauen keineswegs wie linke Revoluzzer oder hitzige Austro-Jusos aus; sie scheinen der lange geplanten Aussprache mit dem grollenden Parteichef auch etwas bang entgegenzusehen. Doch Kreisky ist bei der Begrüßung betont freundlich und gibt sich milde: „Was studierst denn du?" fragt er den einen. „Aha, Biologie. Da hast du ja noch eine große Zukunft vor dir." Und zur Frage, ob ein solch intensives Studium neben einer politischen Tätigkeit überhaupt möglich sei, holt Kreisky aus seinem Gedächtnis-Computer gleich ein passendes Zitat: „Otto Bauer hat mir einmal gesagt, wenn man in der Politik bleiben will, muß man sich das gut einteilen."

Kein Sekretär ist während der rund zweistündigen Aussprache anwesend, bei der Mineralwasser, Kaffee und Butterbrote zur Labung dienen. Nachher, als wir zu einer Betriebsbesichtigung fahren, sagt der Kanzler nur kurz: „Es hat keine Kapitulation der Studenten gegeben, es war eben eine große Aussprache." Aber daran gibt es keinen Zweifel, Kritik an Bruno Kreisky ist ein heikles Kapitel.

# Der kritisierte Kreisky

„Kritik an persönlichen Verhaltensweisen Kreiskys, das ist eine schwierige Sache", sagt einer seiner engsten Mitarbeiter, „da kommt es sehr auf Formulierungen und den Ton an. Respektlosigkeit oder Überrumpelungstaktik ärgern ihn dabei ebenso wie zu schnoddriges Verhalten." Gäbe es einen Knigge dafür, wie man behutsam an Kreisky Kritik üben sollte, dann etwa so: Man erhebt nur Einwände, die man sich vorher gut überlegt hat und bei denen man sich ganz sicher fühlt. Man muß absolut höflich sein und auch dazwischen immer wieder Buckerln und Verbeugungen vor Kreisky machen, sonst reagiert er nämlich ganz kühl und messerscharf.

Der Bundeskanzler erwartet zwar ein kritisches Verhältnis anderer zu ihrer eigenen Arbeit, und vielleicht gibt es auch bei ihm Selbstkritik. Zu spüren aber ist davon nur sehr wenig. „Da haben wir uns geirrt", im Majestätsplural, ist schon das Äußerste, was man in dieser Richtung erwarten kann. Trifft solch vorsichtige Kritik offensichtlich zu, akzeptiert er zumindest, daß es wert ist, darüber nachzudenken. Meist erklärt er dann: „Darüber reden wir morgen weiter", was heißen soll, daß er später irgendwann einmal einen Monolog beginnt, in dem er die vorgebrachten Einwände bereits berücksichtigt, als wären sie ihm selbst eingefallen. Gerne hat er es, wenn man seine Meinung noch mit respektvoller Zustimmung unterstreicht und ihm auch weitere Zusatzargumente für seine Linie serviert.

All das trifft freilich auf die Kritik der sozialistischen Studenten nicht zu. Weder war sie höflich noch allzu durchdacht noch besonders loyal. Und darum hat Kreisky darauf auch besonders scharf und geradezu uneinsichtig reagiert. Da kommt selbst einer seiner engsten Mitarbeiter, Zentralsekretär Karl Blecha, nicht ganz mit: „In gewissen

Dingen, wie etwa gegenüber den Studenten, hat er eine fixierte Meinung. Und wenn man ihn umstimmen will, hört er gar nicht zu. Da ist ihm von vornherein alles klar, und alles muß in sein Vorurteil hineinpassen.“

So beweglich Kreisky also sein kann, so starrköpfig ist er auch, wenn man seine Autorität nicht anerkennt. „Er akzeptiert es, wenn man mit ihm unter vier Augen streitet“, sagt Leopold Gratz, „er hat es aber weniger gern, wenn das in einem offiziellen Gremium geschieht.“ Dieses Prestigedenken ist in den letzten Jahren eher stärker geworden. Gratz drückt das vorsichtig so aus: „Es ist an ihm nicht vorbeigegangen, daß der Bundeskanzler mehr ist als ein Oppositionspolitiker. In manchen Fragen läßt er eben spüren, daß er der Chef ist.“ Am liebevollsten beschreibt Hannes Androsch diese Empfindsamkeit seines Regierungsvaters gegenüber Kritik an seiner Person: „Er respektiert andere Meinungen, soferne sie mit Überzeugung und Klarheit präsentiert werden. Geschwätz macht ihn unwillig.“

# Kreisky bei den Arbeitern

Betriebsbesuch in einer Hosenfabrik des genossenschaftlichen GÖC-Konzerns in Wien-Penzing. Die Begrüßung ist respektvoll, aber nicht devot. Das alles hier ist Machtbereich der SPÖ. In einem Saal der Fabrik ist ein Treffen sozialistischer Betriebsräte des Bezirks angesetzt, vor denen Kreisky nach der Besichtigung sprechen wird.

Diese Rundgänge durch Fabriken sind eine seltsame Sache. Immer wieder versuchen Techniker den Politikern genau, allzu genau, den Produktionsablauf zu erklären. Doch Kreisky scheint auch in dieser Hosenfabrik wach und aufmerksam zu sein, saugt jede Information über Ertrags- und Absatzlage ein, katalogisiert sie wohl in irgendeinem Winkel seines Gehirns, um sie wieder hervorzuholen, wenn es vielleicht zwei Wochen später um Proteste der Textilindustrie gegen Dumping-Exporte aus dem Fernen Osten geht. Mir scheint, daß seine Neugier, seine Lust an Tratsch und Schnurren unstillbar sind, aber das macht auch einen Teil seiner Menschlichkeit aus, denn neugierig sind ja die meisten Leute.

Der Bundeskanzler schüttelt Hände, drei-, viermal bleibt er länger bei einer Arbeiterin stehen und erkundigt sich ganz gezielt über Familienstand und Kinder, Verdienst und Wohnungskosten. Es geht ihm dabei wohl – wie bei den Anrufen und Briefen – nur selten um den Einzelfall, sondern um die gesellschaftliche Wirklichkeit: Wie arg ist die Wohnungsnot noch? Gibt es genug Kindergärten? Ist die Bezahlung der Frauen wirklich um so vieles schlechter als jene der Männer? Was regt die Leute auf? Wo muß man die politische Arbeit forcieren, um nicht den Kontakt mit den Menschen zu verlieren?

Kreisky nimmt objektive Informationen und subjektive persönliche Erlebnisse, wie Gespräche, Briefe und Anrufe, gleich wichtig. Er kombiniert sie, und sie bilden die Gesamtheit seiner Sicht. Seine Gespräche mit Arbeitern, wie hier in der Hosenfabrik, sind also mehr als das ritualisierte Verhalten des Führers einer Arbeiterpartei, sondern bedeuten immer auch eine Fallstudie.

Ein Gastarbeiter, der offensichtlich kaum Deutsch kann, sagt zu Kreisky: „Grüß di", was den Kanzler so amüsiert, daß er die Szene unter dem höflichen Gelächter seiner Umgebung gleich zweimal schildert.

Aussprache mit Firmenleitung und Betriebsrat. Kreisky fragt die Runde, was man von der neuen „Shopping City Süd" halte. Ein Betriebsrat kritisiert den Einfluß ausländischen Kapitals. Kreisky belehrt ihn: „Wir brauchen für unsere Ausfuhr einen großen Markt, und daher können wir auch unseren heimischen Markt nicht abschließen." Man spricht über den Fahrradabsatz und die Schließung des Junior-Werkes in Köflach. Ein GÖC-Einkäufer klagt, daß die Puch-Werke den Kaufhäusern nicht die gleichen günstigen Bedingungen einräumen wie dem Fachhandel und daß er daher im Ausland für seine Firma einkaufen müsse. Kreisky ärgert das, und er bittet den Einkäufer um einen kurzen schriftlichen Bericht darüber. „Ich werde den Finanzminister aufmerksam machen, der hat gute Beziehungen zur CA" (der – verstaatlichten – Besitzerin der Steyr-Daimler-Puch-Werke).

Versammlung sozialistischer Betriebsräte im Festsaal der GÖC-Fabrik. Der Raum ist bummvoll. Als Kreisky kommt, gibt es Beifall. Begrüßung: „Wir danken unserem Bundeskanzler und seinem Regierungsteam auf das allerherzlichste." Wie immer, wenn er in der Öffentlichkeit Lob empfängt, ist Kreisky bemüht, möglichst bescheiden, ja beschämt auszusehen. Er kann das recht gut. Die Stimmung hier ist eindeutig: Man hat vollstes Vertrauen zu Kreisky, weil auch ÖGB-Präsident Benya Kreisky vertraut. Der Bundeskanzler spricht locker, ohne Manuskript und mit jenen klaren Sätzen, die ihn so wohltuend von vielen anderen Politikern unterscheiden: man versteht sofort, was er meint.

Kreisky geht es auch in seinen Reden und Erklärungen darum, ganz konkrete Probleme, die ihm wichtig erscheinen, darzulegen und lebendig zu schildern. Darum verwendet er auch so viele plastische Beispiele, eine einfache Sprache, verständliche Bilder. Gegenüber einer Verwissenschaftlichung der Politik hegt er tiefes Mißtrauen, wie auch gegen eine Grundsatzdiskussion um jeden Preis, wie sie ÖVP-Obmann Josef Taus jetzt erzwingen will. Für ihn hat Politik viel mehr mit Gefühl als mit Wissenschaft zu tun. Und seine Ideologie drückt sich in dem aus, was er konkret an Reformmaßnahmen vorwärtstreibt. Und bei allem, was zu Reformmaßnahmen gehört, entscheidet er praktisch im Alleingang. „Bei aller Vorsicht ist er ein unheimlich entschlossener Einzelkämpfer", sagt Hannes Androsch.

# Am Beispiel Fohnsdorf

„Da haben der Genosse Benya und ich den Standpunkt vertreten: So einfach geht das nicht, in der Krise Leute zu entlassen", sagt Kreisky bei seinem Überblick über die vergangene und zu erwartende Wirtschaftsentwicklung. Daher habe man auch Verluste bei der verstaatlichten Industrie in Kauf genommen, um Arbeitsplätze zu erhalten. Die Betriebsräte nicken. Das ist eine Politik, die sie verstehen und akzeptieren. Und Kreisky ist ein Mann, der die Gabe hat, so extrem zu vereinfachen, daß es schon fast wieder demagogisch sein kann, was er sagt.

Am aktuellen Beispiel Fohnsdorf, wo es nicht um die Erhaltung viel zu teurer Arbeitsplätze im Bergbau, sondern um die Schließung der Grube und um die Schaffung neuer, zukunftsträchtiger Arbeitsplätze geht, ist freilich zu erkennen, daß oftmals ganz andere Probleme entscheidend sind als jene, welche der Kanzler so vereinfacht den Penzinger Betriebsräten serviert. „Zuerst hab' ich einen Bericht über Fohnsdorf bekommen", erklärt mir der Kanzler später die Dramaturgie dieses Falles, „und der Bericht war hoffnungslos. Da war nichts mehr zu machen. Also haben wir den Stier bei den Hörnern gepackt. Meine Pflicht war es nun, allen zu sagen, wie es steht. Einmal muß eben der Groschen fallen. Ich hab' Parteileute und Betriebsräte in Wien getroffen. Wir" – spricht Kreisky von sich selbst – „drücken uns nicht, wir sind gewohnt, das zu sagen, was notwendig ist. Auch dann, wenn es im Moment nicht angenehm ist. Aber das bringt Vertrauen und ist besser als ein Streit. Dazu muß man halt mit den Leuten reden können."

Wenn man das gerüttelte Maß Selbstgefälligkeit abzieht, bleibt ein harter Kern. Dank der offenen, klaren Haltung und den erfolgreichen Bemühungen um Ersatzarbeitsplätze ist die Schließung der Grube Fohnsdorf politisch bisher relativ glatt über die Bühne gegangen, und auch die Penzinger Betriebsräte, denen freilich steirische Kumpelprobleme eher fern sind, nehmen ohne Murren hin, was ihnen ihr Kanzler dazu erzählt.

Ganz typisch für den Informationsschlucker Kreisky: Sein Gespräch mit dem amerikanischen Diplomaten am Vormittag fließt in die nächste Passage seiner Rede vor den Betriebsräten ein. Er spricht von der Unsicherheit auf der Welt, den offenen amerikanischen Wahlen, der Inflation und der Pfundkrise. Heutzutage, sagt er, könne man Handelspolitik in einigen Teilen der Welt überhaupt nur mehr im Zusammenhang mit anderen politischen Aktionen betreiben. Das klingt fast wie eine Rechtfertigung seiner Nahostinitiativen. Und ein Hauch der großen weiten Welt weht durch Penzing.

Hier, bei den Betriebsräten, kann Kreisky sein großes Hobby Wirtschaftspolitik voll ausleben. Wie sagt doch der gestandene Wirtschaftspolitiker Hannes Androsch mit leichter Ironie über dieses heiße Bemühen Kreiskys: „Er will beweisen, daß es unrichtig ist, wenn immer wieder behauptet wird, er verstehe nichts von Wirtschaftspolitik. Er will zeigen, daß er das auch kann.“ Vielleicht erklärt sich auch seine manchmal geradezu hektische Gründer-Aktivität, wie etwa für „Eumig“ in Fohnsdorf oder für die Zellstofffabrik an der Donau, aus diesem Bestreben.

# Kreisky und der ÖGB

Es geht aber Kreisky nicht nur darum, als Wirtschaftspolitiker anerkannt zu werden, fast noch wichtiger ist ihm – dem Realpolitiker – ein gutes Verhältnis zum ÖGB und zu Anton Benya, den er (siehe Formulierung: „Da haben der Genosse Benya und ich den Standpunkt vertreten . . .") geradezu hofiert, während Benyas Verhältnis zu Kreisky etwas kühler, weniger bemüht scheint.

Im Verhältnis zum Gewerkschaftsbund wird viel Zwiespältiges in Kreiskys Wesen deutlich: Er tritt zwar für eine Demokratisierung in vielen Bereichen ein, zum Beispiel in solchen Interessenvertretungen, die der ÖVP nahestehen, spart aber den für ihn lebenswichtigen ÖGB, bei dem es ebenfalls einiges zu demokratisieren gäbe, von solchen Forderungen bewußt aus. Das mag auch noch an einer anderen Eigenschaft Kreiskys liegen, die aus seiner großbürgerlichen Herkunft und der Ehrfurcht vor historisch gewachsenen Machtgebilden zu erklären ist. „Er hat Respekt vor Hierarchien, wie etwa dem ÖGB, dem Bauernbund, aber auch der staatlichen Bürokratie", schildert das einer seiner Mitarbeiter, „er sieht, daß etwa im Gewerkschaftsbund nicht alles so ist, wie er es haben will, aber er ist zugleich Realist genug, um zu wissen, daß es sinnlos wäre, für Reformwünsche Energie zu opfern." Er respektiert also, bei einem starken Partner, auch die Grenzen seiner Macht.

Dabei entspricht der Stil des ÖGB, die starkverbreitete Kameraderie bei Wein und Kartenspiel, die oft ungeistige Kumpelatmosphäre, die Art, wie im Gewerkschaftsbund Personalpolitik betrieben wird, ganz gewiß nicht seinen Vorstellungen. Ohne den ÖGB zu nennen, sagt Zentralsekretär Blecha, was Kreisky in Fragen der Personalpolitik besonders ablehnt: „Er verabscheut Kameraderie und Personalentscheidungen, die auf Freunderlwirtschaft zurückgehen. Da wird er geradezu brutal, wenn er merkt, daß hier ein Freund einen anderen vorschiebt und das Ganze eine abgekartete Sache ist.“

Hineinlegen will er sich nicht lassen. Passiert so etwas freilich außerhalb seines Machtbereiches, dann macht er sich höchstens gegenüber seiner Umgebung Luft und ätzt: „Aha, das ist der Freund von dem und daher wird er das.“ Sein Respekt vor dem ÖGB geht so weit, daß er seine sonst peinlich gewahrte Autonomie in Personalfragen – die so aussieht, daß er den eigenen Parteivorstand zum Thema Regierungsumbildung vor vollendete Tatsachen stellt – beim Sozialminister durchbricht und die Nominierung dem Gewerkschaftsbund überläßt. Nirgends ist Kreisky so sehr Realpolitiker wie im Verhältnis zum ÖGB.

Der populär-wirtschafts-wissenschaftlichen Vorlesung – Kreisky schätzt die weitere ökonomische Entwicklung eher düster ein – folgt eine kurze Diskussion. Ein paar Betriebsräte regt auf, daß der Generaldirektor der Nationalbank, Heinz Kienzl, eine zurückhaltende Lohnpolitik gefordert hat. „Warum mischt sich der Genosse Kienzl dauernd drein?“ fragt einer. Kreisky beschwichtigt, nicht ohne aber den Spitzenverdiener aus der Nationalbank zart zu rügen. „Ladet's ihn doch ein, den Kienzl, der soll euch selbst erklären, was er meint“, sagt Kreisky, der in solchen Fällen gerne dem Slogan „Die sollen sich zusammenraufen“ huldigt, ein Grundsatz, nach dem er häufig auch bei internen Streitfällen verfährt.

Über Kärnten wird dann noch etwas ratlos diskutiert, und Kreisky stellt dazu die anfechtbare These auf, die Sprachenzählung stelle „einen Teil der Erfüllung des Staatsvertrages“ dar. Kreisky überzieht seinen Terminplan und bleibt eine Stunde länger als vorgesehen. Aber Gewerkschafter gehören ja ebenso wie Großindustrielle, Diplomaten und Journalisten zu seinen bevorzugten Gesprächspartnern. Er wird schon wissen, warum.

Wieder im Bundeskanzleramt. Anweisungen an das Konto „Soforthilfe für Notstandsfälle“ liegen auf dem Schreibtisch. Kreisky ist, zur Verwunderung seiner Sekretäre, manchmal sehr großzügig. Da geht Geld an Leute, die man als Querulanten bezeichnen könnte, die aber Kreisky aus irgendeinem Grund beeindruckt haben. Die meisten davon gehören naturgemäß zu den „inhomogenen Gruppen“, die ihre Wünsche nicht durch Interessenvertretungen, sondern per Telefon oder Briefe anmelden. Immer wieder redet Kreisky von diesen gesellschaftlichen Minderheiten, von Außenseitern, von „Leuten, die einfach Pech gehabt haben“, und bezeugt damit seine menschliche Sensibilität. „Da muß ich schauen, was los ist“, sagt er oft, wenn jemand ihn wieder angerufen und über einen angeblichen oder tatsächlichen Willkürakt der Obrigkeit geklagt hat. Den Staat als Gewalttäter und Diktator über die Menschen will Kreisky, so sagt er, mit allen Mitteln bekämpfen. Und er nennt im Gespräch als wichtigstes unerledigtes Problem der Regierung, daß der Staat seine Service-Funktionen mehr beachten müsse. Sein bisher unerfüllter Wunsch nach einem staatlichen Ombudsmann ist auch aus diesem Motiv zu verstehen.

Derzeit fungiert also das umfangreiche Kanzlerbüro als eine Art übergeordnete Servicestelle für subjektive Wünsche der Staatsbürger. So wird der Posteinlauf immer umfangreicher, und täglich treffen Hunderte Briefe ein. Regierungsrat Bernthaler stöhnt über Kreiskys Art, seine Mitarbeiter damit voll zu okkupieren: „Er braucht einen nur zu sehen, und man bleibt bis zehn Uhr abends da.“ Heute allerdings besteht die Chance, früher wegzukommen: Kreisky plant gegen 19 Uhr einen Besuch in der Galerie „Alte Schmiede“, wo ein alter Bekannter aus Jugendtagen Bilder ausstellt.

Pressesekretär Johannes Kunz bringt die neueste Meinungsumfrage über die Bundestagswahlen in Deutschland, nach welcher die SPD-FDP-Koalition voranliegt. Kreisky:

„Ich bin skeptisch." Mehr als am Beginn seiner Regierungszeit neigt der Bundeskanzler, der jetzt den siebzig schon näher ist als den sechzig, in den letzten Jahren einer pessimistischen Weltsicht zu. Das ist gewiß durch reale Fakten und Perspektiven, die wirtschaftliche Entwicklung, den Terrorismus oder auch den zunehmenden Widerstand gegen sozialdemokratische Reformen begründet, hängt aber wohl auch damit zusammen, daß Kreisky sich verändert hat. „Er ist zwar gelegentlich von etwas begeistert", sagt dazu Kreiskys Vizekanzler Androsch, „aber doch eher ein tendenzieller Pessimist." Und damit hat der Kanzler auch meist recht. Leider.

# Kreisky und die schönen Künste

Galeriebesuche, Theaterabende, Konzerte, Kontakte mit Künstlern haben im Programm Kreiskys ihre festen Plätze. Er fühlt sich in diesem Milieu wohl, obwohl sein Verhältnis zu den Künsten eher gefühlsmäßig als vom Intellekt bestimmt scheint, ja ein fast feuilletonistisches ist. Er bevorzugt traditionelle, bewährte Kulturkost. Aufführungen des Theaters in der Josefstadt, Konzerte klassischer Musik im Musikverein. Bei neuen experimentellen Theaterstücken, Gemälden, Skulpturen und Werken der Architektur scheint der Großbürger Kreisky oft nicht ganz sicher zu sein, wirkt fast ratlos, weiß nicht recht, was er davon halten soll und verläßt sich dann gerne auf Leute, die etwas zu verstehen vorgeben und ihm sagen, was gut ist und was nicht. In Bereichen, von denen er nicht viel weiß, läßt er sich also durchaus auch etwas einreden.

Ich muß an diese Charakterisierung durch seine engsten Mitarbeiter denken, als ich gegen 19 Uhr mit ihm in der Galerie „Alte Schmiede" vor Landschaftsgemälden seines steirischen Freundes aus früheren Tagen, des Malers Oberhuber, stehe. Er legt den Kopf schief und betrachtet die Landschaftsbilder, während der Künstler unentwegt auf ihn einredet.

Seinen Chauffeur Blauensteiner, einen Mann, auf den er wirklich hört, weil er dessen Meinung als ehrliche und vernünftige „Volkesstimme" anerkennt, hat er ebenso nach Hause geschickt wie seinen Kriminalbeamten Ehrenreich. Er ist jetzt sozusagen ganz privat.

Die jungen Leute im Kaffeehaus neben der Galerie betrachten den Mann, der da – den Hut in der Hand – vor den Bildern steht, mehr neugierig als respektvoll, manche vielleicht auch abschätzig. Kreisky selbst sagt nicht viel, steht, schaut, wird ins Obergeschoß geführt, meint vor ein paar Wasserfarbenbildern Oberhubers plötzlich, wie erleichtert: „Ja, Aquarelle mag ich besonders", und überhört es, als der wie eine Klette an Kreisky hängende Maler, (den der Kanzler später mir gegenüber als „aufdringlichen Menschen" charakterisiert), sagt, „was für eine große Gnade" es sei, daß der Bundeskanzler zu ihm gekommen ist.

Kreisky taut erst auf, als ein völlig unbeholfener, etwa vierzigjähriger Bildhauer, ein ehemaliger Arbeiter, plötzlich herandrängt und herausstößt: „Die Plastik da ist von mir." Er hat tatsächlich eine hübsche, spielende Kinder darstellende Marmorplastik vorzuweisen, die Kreisky sichtlich mehr gefällt als die Landschaftsbilder seines alten, schrecklich gesprächigen Freundes. Schließlich verspricht er dem rührend sprachgehemmten Künstler, er werde sich dafür einsetzen, daß er „billig einen Stein bekommt. Ich hab' da eine Möglichkeit". Und er schreibt sich Namen und Adresse des Mannes auf.

Schon an der Tür fragt der Chef der „Alten Schmiede", zugleich auch Spitzenfunktionär der sozialistischen Kinderfreunde, Kreisky noch rasch: „Weißt du, daß dein Filius bei uns ist? Soll ich ihm sagen, daß du da bist?" Kreisky wehrt fast schroff ab. „Ah, laß das nur. Wer weiß, ob ihm das recht ist. Der sitzt sicher hier im Keller und organisiert Opposition gegen mich."

# Kreisky zu Fuß

Wir gehen durch die Wiener Altstadt. Kreisky betrachtet wie ein Fremder die Auslagen der Geschäfte. Staunt über die vielen Boutiquen in diesem Viertel und prüft interessiert das Angebot eines Antiquariats. „Die haben schöne Sachen“, sagt er, „da muß ich einmal herschauen, wenn ich Zeit hab’.“ Ein Autofahrer, der Kreisky erkannt hat, dreht sich erstaunt um. Der Kanzler zu Fuß ist ein relativ seltener Anblick.

Kreisky genießt es offensichtlich, so ungestört noch einen späten Spaziergang in der Stadt zu machen. Wir gehen durch die Rotenturmstraße, dann den Kai entlang. „Schade“, sagt Kreisky und deutet auf das unorganische Gemisch von Hochhäusern und häßlichen Altbauten jenseits des Donaukanals, „daß hier nicht eine richtige Skyline entstanden ist.“ An einem Hochhauspanorama am Rande der Wiener Innenstadt hätte er sich wohl jetzt ebenso begeistert wie gestern abend, als er von der neuen „Shopping City Süd“ so entzückt war.

Jene eigenartige Mischung aus Traditionsbewußtsein und Fortschrittsglauben ist es wohl, was Kreisky für konservative wie für fortschrittliche Bürger so faszinierend macht. Was dazu führt, daß Geschäftsleute ihn ebenso umschwärmen wie Intellektuelle.

Zwei Minuten später sind wir beim Schwedenplatz, und Kreisky staunt über die große U-Bahn-Baustelle. „Ich komm’ ja nie dazu, hier spazierenzugehen.“ Dann fragt er mich plötzlich, ob ich noch immer jenseits des Donaukanals wohne, und erinnert sich: „Da hab’ ich Sie doch einmal angerufen, wie Sie die Wohnung gerade eingerichtet haben.“ Ich denke kurz nach und bestätige. Dieses für ihn gewiß belanglose Gespräch liegt sieben Jahre zurück. Welch phänomenales Gedächtnis für Details hat dieser Mann!

Gegen 21 Uhr steigt er in ein Taxi und fährt nach Hause.

Mit Taxichauffeuren, so hat er mir während des Spazierganges erzählt, plaudert er besonders gerne. Ihre Mentalität habe sich seit Jahrzehnten nicht geändert. Das findet er spaßig. „Woher diese Typen nur immer wieder kommen?" Kreiskys Taxi verschwindet um die Ecke.

# DONNERSTAG

# Immer ein bißchen Händeschütteln

Zwischen der Opernkreuzung und dem Karlsplatz wird eine neue unterirdische Fußgängerpassage eröffnet. Die politische Prominenz Wiens ist dabei. Bürgermeister Gratz kommt mit der Straßenbahn, Minister, Stadträte, Oppositionspolitiker, Beamte und viele Menschen drängen sich. Um 10 Uhr trifft auch der Bundeskanzler ein, der vor zwei Tagen die „Shopping City Süd" vor den Toren Wiens eröffnet hat, in der die Geschäftsleute der Innenstadt eine echte Konkurrenz sehen. Eine Art Ausgleich für seinen Besuch dort draußen also ist sein Erscheinen hier.

Es ergibt sich eine gute Gelegenheit, Popularität und Stil der beiden Kreisky-Kronprinzen Gratz und Androsch zu vergleichen. Leopold Gratz wirkt fröhlich. Er scherzt mit seinen Nachbarn und verwendet bei der kurzen Eröffnungsrede das Zitat eines angeheiterten Zuschauers, der neben ihm murmelte: „Des is alles um unser Geld." „Ich bin froh, daß der das gesagt hat", grinst Gratz nachher, „ich hätte nicht gewußt, was ich sonst für einen Aufhänger für meine Rede nehm'." Das ist typisch für ihn: Improvisation statt genauer Planung, sympathische Schlampigkeit und Kreativität statt technokratischer Perfektion. Der Applaus für den Wiener Bürgermeister, der die Reichsbrücken-Katastrophe geschickt dazu benutzt hat, sich selbst zu profilieren, ist durchaus freundlich.

Noch mehr Beifall aber kassiert Finanzminister Hannes Androsch, der so spät zur Passageneröffnung kommt, daß es garantiert auffällt und Bezirksvorsteher Heinz ihn nachträglich begrüßen muß. Dafür ist Androsch dann beim Rundgang durch das Verkehrsbauwerk schon wieder verschwunden.

Gratz hält sich mehr im Hintergrund, geht oft in der zweiten Reihe, läßt Kreisky, den Ministern und dem zuständigen Stadtrat den Vortritt. Gratz hat es nicht so gerne, in Menschenmassen zu baden wie Bruno Kreisky, der immer wieder ernst und bedeutungsvoll mit einem kurzen festen Blick einigen Zuschauern die Hand reicht. Kreisky läßt wirklich keine Gelegenheit aus, für seine Person zu werben, auch wenn es eine Veranstaltung der Gemeinde Wien und er nur Gast ist.

Treppauf, treppab geht es, eine U-Bahn-Fahrt nach Favoriten und zurück folgt, dann noch die Besichtigung von Österreichs längster Rolltreppe. Kreisky zeigt wieder erstaunliche Kondition und ist seinen Begleitern immer um einen Schritt voraus. Vielleicht will er aber auch nur die ganze U-Bahn-Tour möglichst rasch hinter sich bringen.

# Großvater und Enkel

Droben beim Heinrichshof wartet der große, schwarze Kanzler-Mercedes und darin der kleine, schmale, blondgelockte Enkel Kreiskys, der fünfjährige Oliver. War alles bisher für den Bundeskanzler Routine, so geht nun von ihm eine zärtliche Wärme aus, die ich während meines bisherigen Schattendaseins bei Kreisky nie gespürt habe. Die Gefühle, die er dem schüchternen, hübschen Knaben, dem Sohn seiner Tochter Susi, entgegenbringt, sind völlig anders als die Zuneigung selbst für seine besten Parteifreunde.

Stets spürt man um Kreisky eine Mauer, bis zu der man an ihn herankommt. Aber ganz nahe läßt er im Amt niemanden heran. Auch seine engsten Mitarbeiter spüren diese Schranke, die Kreisky durch besondere Höflichkeit gegenüber jenen, die ihm dienen, noch spürbarer macht. In der täglichen Arbeit wirkt er wie ein Mann, der auf einer selbstaufgeschütteten Insel lebt, von der zwar viele Brücken nach allen Seiten führen, doch diese Übergänge sind bloß Zugbrücken, die der Kanzler nach Bedarf auch hochziehen kann, um sich abzuschirmen. Seine Einsamkeit, sein einzelgängerischer Stil sind nicht so sehr auf seine hohe Stellung und Verantwortung zurückzuführen, als vielmehr selbstgewählt. Vielleicht ist er seiner Umgebung gegenüber zu mißtrauisch, um seine Gefühle wirklich zu deklarieren. Vielleicht aber ist er auch zu verletzlich.

Kreisky ist zwar öfters ärgerlich, aber fast nie unkontrolliert wütend. Schreien hat ihn noch keiner seiner Mitarbeiter gehört. Er ist zwar oft pessimistisch, aber verzweifelt, bedrückt, wirklich bewegt scheint er nie zu sein. Es könnte sein, daß seine echten Gefühle, Erschütterung, Verzweiflung, erst dann zum Vorschein kommen, wenn er sich spätabends ganz in sich zurückzieht und die Ereignisse des Tages überdenkt.

Vielleicht verachtet er aber auch die Menschen, ihre Schwächen und ihre Dummheit. Andererseits aber spürt man, daß er Leute, die ihm wichtig sind, umwirbt, daß er ihnen sogar manchmal schmeichelt. Aber daß er die Menschen liebt, ist schwer vorstellbar. Dazu sind seine Ansprüche an Personen zu groß. Trotzdem scheint er manchmal angerührt von den Schicksalen, die in Briefen oder Telefonaten an ihn herangetragen werden. Echt erschüttert hat ihn wohl noch niemand gesehen, der nicht zu seinem engsten Familienkreis gehört. Aber gerade diesen Bereich verbirgt er ja fast schamhaft. Eine emotionell gesteuerte Geste, wie Willy Brandts Kniefall im Konzentrationslager Auschwitz, ist bei Kreisky wohl undenkbar. Er will stets Haltung bewahren.

Doch dem Enkel Oliver gegenüber ist ein für mich ungewohnter weicher Ton in seiner Stimme zu hören. Dieses Kind liebt er. „Das ist der Herr Bürgermeister, den kennst du sicher aus dem Fernsehen", stellt er vor und „Gib der Tante die Hand", als sich Gesundheitsminister Ingrid Leodolter entzückt herunterbeugt.

Wir fahren über die Ringstraße Richtung Ballhausplatz. Opa Kreisky erklärt Sehenswürdigkeiten. Beim Kunsthistorischen Museum fragt Oliver, um dessen schmale Schultern der Großvater schützend seinen Arm gelegt hat: „Was ist das für eine Kirche?" Der Bundeskanzler weist auf das Maria-Theresien-Denkmal: „Das war eine große Kaiserin", und meint beim Parlament: „Was da drin geschieht, kann ich dir beim besten Willen nicht erklären." Oliver gibt sich dennoch zufrieden.

Bundeskanzleramt. Zuerst will der Enkel gar nicht den Arbeitsplatz seines Großvaters sehen, aber als Kreisky ein wenig drängt, stapft Oliver dann doch neben ihm – die kleine Hand geborgen in seiner großen Hand – die Stufen des Kanzleramtes hinauf. Es ist ein bewegendes Bild. Der alte Mann zeigt seinem Enkel, wo seine Macht wohnt. „Da sitz' ich immer an dem großen Schreibtisch", erklärt Kreisky in seinem Arbeitszimmer Oliver mit weicher Stimme. Und murrt gleich darauf ärgerlich, in völlig anderem Ton, zu Fräulein Schmidt, welche die Szene beobachtet: „Warum steht die Fahne so weit vorn?" Mit einem Kuß verabschiedet er sich dann von Oliver, der von Chauffeur Peter Rubey nach Hause gebracht wird.

11 Uhr 15. Eine Delegation des Kolping-Werkes bespricht mit dem Kanzler ein Entwicklungshilfeprojekt in Südamerika. Und kommt schon nach 20 Minuten sehr befriedigt wieder heraus. Der Bundeskanzler hat „in Aussicht gestellt" – versprechen tut er nie etwas –, daß sein Ressort aus Budgetmitteln die Spenden für dieses Projekt aufstocken werde.

Im Vorzimmer warten schon der CA-Konsulent, Aufsichtsrats-Multi und alter Kreisky-Freund Dr. Kurt Grimm und der Industrielle Herbert Turnauer, um weiter über die vom Bundeskanzler initiierte Zellstoffabrik zu verhandeln.

# Kreiskys wirkliche Freunde

Daß Bruno Kreisky mit dem Finanzmann Kurt Grimm befreundet ist, scheint kein Zufall. Der Bundeskanzler hat erstaunlich viele private Freunde aus Unternehmerkreisen. Neben Dr. Grimm, der aussieht wie ein kleinerer, älterer Bruder Kreiskys, gehören der Mitinhaber der Lilien-Porzellan-Fabrik und früherer Universitätsprofessor Conrad Lester, der Münchner Büromöbelerzeuger Finkenzeller, ein fescher Naturbursch, der Kreisky imponiert, der Josefstadt-Schauspieler Hans Jaray und der Schriftsteller Friedrich Torberg zum kleinen Kreis enger persönlicher Freunde des Bundeskanzlers. Dazu stößt, sobald er sich in Österreich aufhält, der amerikanische Komponist und Dirigent Leonard Bernstein, der, wenn er ihn wiedersieht, mit Kreisky immer packende Umarmungsszenen zelebriert.

Kein gestandener Sozialist befindet sich in seinem engsten Freundeskreis und auch niemand, der finanziell schlechter gestellt wäre als Kreisky, der ja übrigens kaum persönliches Vermögen besitzt und schon öfters darüber geklagt hat, daß er wegen der vielen privaten Einladungen halboffizieller Art nur schwer mit seinem Geld auskomme.

Zieht man den Kreis seiner Freunde weiter, so stehen ihm in der eigenen Partei auch menschlich neben Hannes Androsch Unterrichtsminister Fred Sinowatz und Zentralsekretär Karl Blecha besonders nahe. Gut verträgt er sich auch mit dem Tiroler SPÖ-Chef und stellvertretenden Landeshauptmann Herbert Salcher, den er schon lange gern in der Regierung sehen möchte, und schließlich mit Leopold Gratz.

Aus dem Bereich politischer Gegner stehen ihm drei Menschen nahe: Eduard Wallnöfer, Tirols Landesvater, den er von den Südtirol-Verhandlungen kennt, Bundeskammerpräsident Rudolf Sallinger, den Kreisky kennengelernt hat, als die Außenhandelskompetenzen noch beim Außenamt lagen, und der heutige Präsident der Industriellenvereinigung, Hans Igler, der, als Kreisky Staatssekretär im Außenamt war, die Leitung der Verstaatlichten Industrie (im Bundeskanzleramt) innehatte.

Viele gute Bekannte hat Kreisky, aber die Zahl seiner echten Freunde ist gering. Während Kreisky vor dem früheren ÖVP-Obmann und Vizekanzler Hermann Withalm immer Respekt äußerte, fand er weder zu Josef Klaus noch zu Karl Schleinzer wirklich Kontakt. Von beiden trennten ihn Welten. Und Josef Taus akzeptiert er bisher noch nicht als intellektuell gleichwertigen Gegner. Aber das kann auch Taktik sein, um seinen Widersacher und Rivalen herunterzuspielen.

Mit Friedrich Peter ist Kreisky gewiß nicht befreundet, aber er hat eine Schwäche für diesen umstrittenen Mann, der vergeblich versucht, seine eigene und die Vergangenheit seiner Partei zu bewältigen. Der Bundeskanzler sieht sich da in einer Rolle als historische Figur, der die Aufgabe gestellt ist, die Österreicher mit ihrer näheren und ferneren Vergangenheit zu versöhnen. Daher der Händedruck zwischen Kreisky und Otto Habsburg, daher der Feuerschutz des Bundeskanzlers, als Friedrich Peter von Simon Wiesenthal und den Zeitungen wegen seiner SS-Vergangenheit unter Beschuß genommen wurde. Daß er Peter, der sich während der Zeit der Minderheitsregierung als korrekter Partner erwiesen hatte, vielleicht noch einmal brauchen könnte, war 1975, nach einer gewonnenen Wahl, sicher nur ein Nebenaspekt.

# Kult um eine Rede

Freund Grimm verläßt mit dem Industriellen Turnauer das Kanzlerzimmer. Kreisky erledigt Post. Fräulein Schmidt hat die Absicht, zusammen mit dem Kanzler den Schreibtisch, über dessen angehäufte Papiermassen Kreisky kaum noch sieht, abzuräumen. Aber dazu kommt es nicht. Nach einer rasch gegessenen Eierspeise will Kreisky nämlich Stichworte für seinen abendlichen Vortrag in der Hofburg diktieren, der den schönen Titel „Zur Lage" trägt. Und das wird fast zu einer kultischen Handlung.

Zwei junge Damen, Margit Schmidt und Renate Bachlmayer, warten mit gespitzten Bleistiften und Stenoblocks auf die Worte des Vorsitzenden. Pressesekretär Johannes Kunz soll sich Aufzeichnungen für eine Aussendung an die Zeitungen machen. „Ich lass' meine Reden wegen der Journalisten aufschreiben, damit ich weiß, daß es auch gedruckt wird", betont Kreisky seine Unabhängigkeit von kompletten Redemanuskripten. Kreisky entwirft seine Reden fast immer selbst, diktiert vorher aber – so wie heute – oft nur Stichworte, weil er gern improvisiert. Er ist ja einer, der beim Reden nachdenken kann, und das tut er auch vor großem Publikum. Daher sind seine Vorträge oft recht weitschweifig.

Ich darf still dabeisitzen, Kaffee trinken und der heiligen Handlung folgen. Kreisky diktiert leise, fast flüsternd, wenn man dies bei einem so brummigen Organ sagen könnte. Manche Sätze verstehe ich gar nicht, aber Fräulein Schmidt und Johannes Kunz schreiben eifrig und schweigend mit. Kreisky reibt sich das Kinn, blickt gedankenverloren zur Decke. Er diktiert kurz und prägnant Stichworte, logisch im Aufbau, aber nicht gerade brandneu in der Aussage. Wenn er da bei seiner Ansprache nicht etwas dazulegt, denke ich mir, wird das nicht jener kräftige Akzent, den Kreisky einmal im Jahr bei seinem großen Vortrag für das Renner-Institut setzen will. Als hätte er meine inneren Einwände gehört, sagt Kreisky plötzlich spontan: „So viel wollen die Leut' ja gar net wissen.“

# Kreiskys rhetorische Tricks

Die Trickkiste des Redners Kreisky ist reich bestückt. Immer geht es ihm darum, Aufmerksamkeit zu erregen oder zu erhalten, beginnende Langeweile zu überwinden und die Zuhörer für sich einzunehmen oder angenehm zu überraschen. Das schafft er nicht nur mit witzigen Vergleichen oder dem bewußt eingesetzten An- und Abschwellen seiner Stimme über ganze Passagen, sondern auch mit leicht hingeworfenen, meist kokett untertreibenden Redewendungen, die er gerne auch im persönlichen Gespräch verwendet. „Ich möchte Sie damit nicht langweilen", ist so eine typische Phrase, oder „von Kulturpolitik verstehe ich nichts, aber . . .", um dann doch über dieses Thema zu sprechen.

Ganz typisch ist auch seine in Wahrheit sehr hochmütige Floskel „Ich glaube in aller Bescheidenheit", die er dann am Abend bei seinem Vortrag anwendet, oder auch seine Zwischenbemerkungen „Ich hab' schon viel zu lange geredet" und „Ich weiß nicht, ob Sie das überhaupt interessiert?". Ein geschickter und wirksamer rhetorischer Trick besteht auch darin, die Zuhörerschar quasi zu Mitverschworenen zu machen, denen er ein Geheimnis anvertraut: „Ich darf Ihnen das eigentlich noch gar nicht sagen, aber . . ." Oder auch, um sich mit seinen Zuhörern zu solidarisieren: „Mir ist das alles viel zu kompliziert." Sein rhetorischer Glanz ist gegenüber seiner Zeit als Oppositionsführer oder frisch gebackener Kanzler schon etwas verblaßt.

Auch die Rede, die er da am Abend „Zur Lage" hält, wird kein großer Höhepunkt, sondern ist etwas fade und manchmal, so schreiben es die Zeitungen am nächsten Tag, geradezu banal.

14 Uhr 30. Das Stichwortkonzept ist fertig. Nur die heikle Passage über die Kärntner Slowenenfrage hat Kreisky wörtlich diktiert. Das Konzept wird nun mit einer Schreib-

maschine abgetippt, die besonders große, gut lesbare Lettern besitzt.

14 Uhr 45. „Ich fahr' jetzt zum Zahnarzt", sagt Kreisky. „Ist das Auto da?" Um 16 Uhr kommt dann eine Hortgruppe der Kinderfreunde und singt dem Bundeskanzler ein paar Lieder vor. Kreisky redet ganz ruhig und natürlich mit den Kindern, nicht so geziert, wie das die meisten Erwachsenen tun. Und er ist schon wieder dabei, zu recherchieren. Wie es in der Schule geht, will er wissen, wie die Kinder mit den Schulbüchern zufrieden sind, wie lange sie für ihre Aufgaben brauchen. Zum Schluß verabschieden sich die Mädchen, von denen einige aus bürgerlichen Häusern stammen, auf eine Art, die schon recht typisch ist für unser Land und seine politische Situation: Sie sagen „Freundschaft" und machen dazu vor dem Bundeskanzler ein schönes Knickserl.

Anschließend kommen die Wiener Korrespondentin der angesehenen „Frankfurter Allgemeinen Zeitung", Hanni Konitzer, und einer ihrer Herausgeber zu Kreisky. Der Bundeskanzler eilt ihnen aus seinem Zimmer entgegen. Vor großen Zeitungen hat er Respekt. Man spricht über die Rolle der Sozialdemokratie in Westeuropa und ihre Haltung gegenüber den kommunistischen Parteien. Kreisky macht aus seiner Skepsis gegenüber einer Zusammenarbeit der beiden Parteien kein Hehl.

Drüben im Wartezimmer sitzt eine aufgeregte Dame, von der keiner der Sekretäre eigentlich weiß, was sie von Kreisky will. „Sie hat am Morgen mit dem Kanzler zu Hause telefoniert, und er hat sie herbestellt", sagt ein Sekretär kopfschüttelnd. Die Dame wird zu Kreisky gerufen und ist schon nach ein paar Minuten wieder draußen. Sie will, daß der Bundeskanzler den Ehrenschutz über ein Reitturnier übernimmt und einen Pokal spendet. „Das hätt' sie doch auch schriftlich machen können", ärgert sich einer der Sekretäre über diese – ziemlich sinnlose – persönliche Vorsprache, eine von vielen, die den Terminplan des Bundeskanzlers ganz schön belasten. Wer freilich bei ihm zu Hause anruft, hört leichter das gebrummte „Na, so kommen's halt zu mir“ Kreiskys, als wenn er sich schriftlich um einen Termin bemüht.

Es wird Zeit für den Vortrag in der Hofburg. Kreisky ärgert sich wieder einmal, diesmal darüber, daß man ihm einen falschen Anfangstermin gesagt hat. Fast alle Sekretäre und Fräulein Schmidt sind im großen, dichtgefüllten Saal anwesend. Auch Schnitzler-Freund Haeusserman, Adabei- und Aggressionsforscher Friedrich Hacker und Staatsopernsängerin Hilde Güden sind da. Ein Kreisky-Vortrag ist noch immer ein gesellschaftliches Ereignis.

Nun bekommen die Stichworte, die er zu Mittag diktiert hat, zwar ein wenig Leben, aber brillant ist die ganze Sache noch immer nicht. Am besten ist Kreisky in der folgenden Diskussion. Als ein junger Mann sich darüber empört, daß die ersten Reihen im Saal bei Veranstaltungen des Renner-Instituts immer für die politische Prominenz reserviert seien, statt daß sich auch diese Leute ihre Plätze selber suchen wie jeder andere, erfaßt Kreisky sofort die sich bietende Chance und verkündet, ohne jemanden zu fragen, ex cathedra, daß es bei der nächsten Veranstaltung keine reservierten Plätze mehr geben werde, und erntet stärksten Applaus.

Die Stiegen hinunter streitet er halb im Ernst, halb im Spaß mit einem Parteifreund aus der Kultusgemeinde um einen Ausspruch, den er angeblich zur Slowenen-Frage getan habe und der lauten soll, solange er regiert, werde es nie zweisprachige Ortstafeln in Kärnten geben, was Kreisky heftig bestreitet. Der Konflikt ist nur scheinbar heiter. Der Bundeskanzler nimmt die Sache sehr ernst.

Es ist 20 Uhr 15. Draußen wartet der Dienstwagen, Kreisky steigt ein, winkt den am Ausgang Stehenden zu, lehnt sich zurück und liest auf dem Weg nach Hause „Die Presse“ von morgen.

Meine 100 Stunden Kreisky sind zu Ende.